巴菲特

一生的财富之道

张亮——著

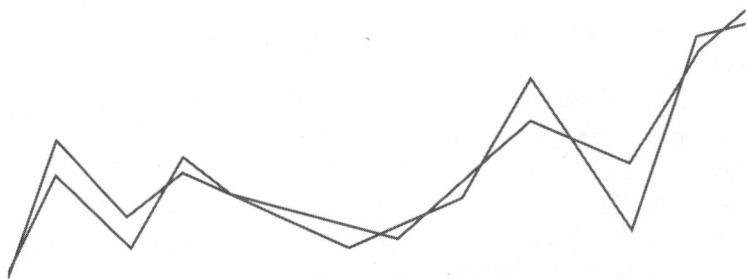

长江出版社
CHANGJIANGPRESS

图书在版编目（CIP）数据

巴菲特：一生的财富之道 / 张亮著.
— 武汉：长江出版社，2022.1
ISBN 978-7-5492-8030-8

Ⅰ. ①巴… Ⅱ. ①张… Ⅲ. ①巴菲特（Buffett, Warren）—传记 Ⅳ. ① K837.125.34

中国版本图书馆 CIP 数据核字（2021）第 212027 号

巴菲特：一生的财富之道 / 张亮　著

出　　版	长江出版社
	（武汉市解放大道 1863 号　邮政编码：430010）
选题策划	天河世纪
市场发行	长江出版社发行部
网　　址	http://www.cjpress.com.cn
责任编辑	李　恒
印　　刷	三河市腾飞印务有限公司
版　　次	2022 年 1 月第 1 版
印　　次	2022 年 2 月第 1 次印刷
开　　本	710 mm×1000mm　1/16
印　　张	17
字　　数	210 千字
书　　号	ISBN 978-7-5492-8030-8
定　　价	48.00 元

序　言

沃伦·爱德华·巴菲特（Warren Edward Buffett），是一位极富传奇色彩的股票投资大师，也是世界上目前唯一通过股票投资成为世界首富的人。他被投资者誉为"股神"和"世界上最精明的人"。他是精英眼中受到敬重的前辈，被美国人称为"100年以来最伟大的投资者"。他一举一动或多或少都会影响全球市场走势。如今的他虽已90岁高龄，但依然精力充沛且思维敏锐，保持极强的商业洞察能力。

如果你在1956年把1万美元交给沃伦·巴菲特，它今天就变成了大约2.7亿美元。数十年前的伯克希尔·哈撒韦公司，不过是一家濒临破产的纺织厂，截至2021年8月，它的总市值高达17000多亿元人民币，常年位于全球市值最高公司排行榜前列。

某一年的冬天，据说9岁的巴菲特在院子里吃力地铲着雪，不一会儿就被冻得手脸通红，这时他灵机一动把积雪铲到一起，揉成一个雪球放在地上慢慢滚动，雪球越滚越大……此后巴菲特从100美元起步投资，数十年中鲜尝败绩……他超乎常人的投资天赋和独特的个性让人深深折服，他倡导的价值投资理论领先而饱含哲理。每年伯克希尔·哈撒韦公司召开年会时，都有来自全世界的粉丝和信徒一睹他的风采，参与他亲手缔造的投资帝国的狂欢……

巴菲特的投资和经商生涯漫长且充满传奇，为了便于理解，我们可以把他的投资理念分为以下三层来理解。

第一层，短期获利。巴菲特把自己定位成一个普通的投资者，利用市场自身的漏洞，通过低价购买再高价卖出的方式赚取差价（这个偏向于投机，和价值投资的赚差价有所区别），为此巴菲特总结了一系列的套利法则，旨在利用证券的价格背离进行套利，从而获得源源不断的短期投资回报。

第二层，中期培养。在这一层，巴菲特基本上抛弃了投机思维，以价值投资理论为基础，开始挖掘具有发展潜力的企业，寻找价值和价格的差异并从中赚取差价。另外，为了尽可能地规避风险，巴菲特还会奉行集中投资原则，将有限的资金注入少数几个被看好的企业中，参与到这些公司的经营和决策中，强化对它们的影响力。

第三层，长期谋划。在这一层，巴菲特把投资变成了一种生活方式甚至是哲学思辨，他不会以短中期的变现为目标，而是从个人经验和兴趣偏好出发，不惜大手笔投资他认为会有长期回报的企业和项目，将投资周期一再延长，不会轻易变现，以持续进化的方式寻找并改造出"伟大的企业"。如果你想弄清巴菲特的这一系列操作，就要掌握一定的投资心理学的知识，因为在这一层，巴菲特主要思考的是人性而非经济学，你会见识到他开放且深刻的思想。

当然巴菲特的投资精髓并非几句话就能概括，我们只是简单梳理一下他的投资逻辑，这样更容易认清他是如何一步步成为投资大师的。每个人都想竭力探知巴菲特的投资经验，甚至那些成功的企业家和投资家也想要弄清巴菲特的财富为何会超过自己。

上述种种疑问，让巴菲特变为一个充满魅力却又神秘莫测的谜题，于是人们开始关注巴菲特的成长之路，了解到他童年就用几罐可乐做起了交易，了解到他早期报童生涯和经营弹子机公司的经历。这些经历不仅让巴菲特锻炼了精明的生意头脑，更磨炼了他永不言弃的坚强意志。其实，巴菲特只是一个有着经商和投资天赋的平常人，他是依靠自己几十年的学习、实践、思考和失败才成为投资界的传奇的。

本书从巴菲特的成长经历入手，全面讲述巴菲特出生至今的"另类"人生历程，深度分析其投资生涯和商业传奇。让读者在了解股神成长的经历之后，再将其投资绝学进行深度分析，以便于我们进一步了解他过人的智慧、高远的视角和冷静的头脑。或许，我们没有成为下一个巴菲特的可能，但我们可以站在这位巨人的肩膀上，去学习让我们受益一生的商业智慧和人生哲学。

目　录
Contents

第一章

股票开启了他的人生

1. 家庭和童年的影响

1930年8月30日，一个气温38摄氏度的湿热夏日，在美国中西部内布拉斯加州的奥马哈市，沃伦·巴菲特降生了。他比预期早产了5个星期，体重只有6磅，在经历高烧的煎熬后总算渡过了难关。当时的奥马哈市不过是人口仅40多万的名不见经传的小城市，但因沃伦·巴菲特的降生，这个小城日后也成为投资人眼里的"麦加圣地"。

巴菲特出生在一个普通的中产阶级家庭，父亲霍华德在一家金融机构出任股票经纪人。20世纪30年代的美国，正处于"全民炒股"的狂热年代，当时你可以在街道上、公园里、商场等大街小巷的任意角落看到众多的股票推销员，他们会彬彬有礼地向你致敬，然后费尽心力地让你掏出半生积蓄去炒股。证券投资俨然成为那时一种美国民众生活的重要符号，而作为股票经纪人的巴菲特的父亲也成为那个时代经济浪潮的缩影。

巴菲特的母亲莱拉是一位风趣幽默、平易近人的女士，除了巴菲特，她还为这个家庭带来了两个姊妹——姐姐多丽丝和妹妹罗伯塔。和两个姐妹相比，巴菲特显得特别胆小，他几乎对父母言听计从，从不去陌生的地方玩耍，更不会随意招惹是非，连妹妹都要时不时地保护他，而父亲送给他的拳击手套他也只摸过一次。巴菲特身上似乎没有一般男孩子所具有的那种表面上的"激情"和"狂野"，却有一种含蓄、内敛的狂热和积极，这为他日后成为"股神"奠定了先天的性格基础。

美国在第一次世界大战后经济出现短暂的繁荣，但好景不长的是，在巴菲特出生的前一年，一场持续多年的经济危机开始爆发。1929年10月29日，这一天，注定是让很多美国人终生难忘的日子。这一天，股市一夜之间从顶峰跌入深渊，大批的投资者聚集在纽约华尔街。随后席卷整个美国股市的大崩盘开始了，那些曾经被推销员吹上天的股票一夜之间成为"废纸"，有人开着豪华游艇出游回来后，结果发现自己欠了一屁股的债，连著名的经济学家凯恩斯也深陷其中，直到去世他还对这场"灾难"心有余悸。后来人们将这一天称为"黑色星期二"，同时这一天也拉开了全球经济大恐慌的序幕。

这场经济危机一直持续到1933年，当时美国多家银行宣告破产，大量企业倒闭，失业人数激增到了1300万——平均每4个美国人中就有1个失业者，巴菲特父亲霍华德的事业受到很大冲击，经济来源变得相形见绌，一家人的日子过得很拮据。无奈之下，他只好去自己的父亲、巴菲特爷爷欧内斯特的店里打工。

爷爷欧内斯特生性吝啬，他在奥马哈城西开了一家杂货店，他对霍华德从事的证券投资一直嗤之以鼻，认为那是在赌博。经济危机爆发后，欧内斯特的生意虽然也不好，但还是借给了霍华德一点钱接济巴菲特一家维持生计。不过，霍华德没有因此萎靡不振，他很快就和朋友在联邦州里银行创办了一家证券公司，业务是销售投资债券和股票。然而在股市崩盘的不利环境下，霍华德的公司几乎是逆市场潮流而动，因为没有多少人愿意再为股票投资，他们完全是在开"历史的倒车"，开业很长时间都没有做成一笔生意。

巴菲特的童年就是在这样的境遇中度过的，他和姐妹们夏天不敢出门，因为买不起消暑的冰块；冬天也只能蜷缩在家，因为缺少出门御寒的衣物，而家中单薄的平板房无法抵御严寒，他们只能学着父母把自己包裹在单薄的衣服和被子里勉强取暖。

这种拮据的状况一直持续到巴菲特6岁那年，因为罗斯福新政让大萧条的阴霾渐渐退去，经济开始渐渐复苏。巴菲特家中的经济状况得到改善，父亲霍华德的公司也有了生意，他们一家也从简陋的平板房中搬了出去。

这一年，巴菲特一家去艾奥瓦州北部的奥科博吉湖度假，他在出发前用25美分买了6罐可乐，来到湖边后就四处寻找客人，最后以5美分一罐的价格全部出售。经济大萧条让巴菲特深深记住了因穷困所带来的恐惧和绝望，因此他不想再被贫穷所"欺压"。

童年时的巴菲特有一种独特的气质——谨慎。当他还在学步期时，走路就将膝盖弯曲着，防止摔倒之后受伤。和父母逛街时，巴菲特不会像姐姐那样四处乱跑，而是紧挨着父母，结果姐姐经常走丢，而他却能一直"安全到家"。随着年龄的增长，巴菲特谨慎的性格没有改变反而加强，家人担心他会因为谨慎而变得缺乏足够的胆量，不过很快他们就发现，谨慎并没有让巴菲特内向封闭，反而变得思维缜密和严谨，他在数字方面体现出了超人的智商。

巴菲特四五岁时，经常和好友拉塞尔趴在走廊上观看来往经过的车辆并记下车牌号。拉塞尔会迅速朗读城市的名字，然后让巴菲特报出城市的人口数量，两个人就这样不断地玩着和数字有关的游戏，强化了对数字的记忆和敏感度。此时的巴菲特尤其擅长做数学题,他能够快速计算出存款的复利。到了周末做礼拜时,巴菲特会低着头扳着手指计算教堂里神职人员的年龄……这些在旁人看来极其枯燥无聊的事,却让巴菲特日后养成了对数字极其敏感的天赋。

有一年,父亲霍华德问孩子们想要什么礼物,巴菲特的姐姐和妹妹要了丝带和毛绒玩具,而他想得到的却是股票行情机的纸带。股票行情机的纸带上记录的是市面上各种股票的价格波动信息,对不炒股的人来说毫无意义,没想到巴菲特却喜欢研究它们,他想通过这些纸条找出股票价格变化的规律。经过一段时间的学习,巴菲特竟然无师自通地运用标准的普尔指数来解释报价符号,这让霍华德大感意外。从这一天开始,霍华德也开始有意传授给巴菲特一些证券投资的知识。

巴菲特8岁时开始大量阅读股票类的书籍,这些似乎让成年人都会觉得无比枯燥、头疼的书对他而言比童话故事更有趣,他也从中汲取了丰富的金融知识,甚至开始绘制反映股市行情的股价升降图表。

随着年龄的增长,巴菲特对数字的兴趣升级为对经商的兴趣,他小时候偶尔会去祖父的杂货店,由于对做生意多少了解一点,于是他开始在家门口推销口香糖;9岁时,巴菲特去街上推销可口可乐等饮料,他还经常在自动售饮料机旁边捡起人们丢弃的瓶盖,目的是想研究哪种饮料更被人们喜欢,而和他同龄的孩子只关注饮料好不好喝,这充分反映出他善于进行市场调查的能力。10岁时,巴菲特突然想到一个问题:百事可乐和可口可乐的价格一样,但分量比可口可乐更足,巴菲特认为买它的人会更多,因为二者在口感上的差别不是很大,于是巴菲特后来就只推销百事可乐,可见那时的他就已经学会洞悉产品的"内在价值"了。

长大以后,巴菲特对"内在价值"有了更深层次的理解,而很多投资者却依然陷于认知的误区：他们认为一家公司的账面价值就代表了它的价值，至少也可以作为投资的参考。事实上，账面价值和内在价值是完全不同的两个概念：账面价值衡量的是投入企业的资本以及留存的利润，而内在价值是在剩下的成长周期中可以产生的现金量的贴现值。

举个例子，如果有一家公司也想生产可乐，姑且叫它千事可乐，它投入了和百事可乐一样的设备、店面以及库存，也从市场上对等分到了利润，看起来账面价值和百事可乐是一样的，但这家企业的影响力仍然不能和百事可乐相提并论。如果百事可乐和千事可乐遭遇了同样的危机，百事可乐会更容易获得"贴现"，因为人们对它的信心要超过千事可乐，这就是内在价值带来的区别。

纵观巴菲特的童年，他虽然胆小、木讷、不够勇敢……但这些"缺点"反观则是谨慎、稳重和内敛，从表面上看他缺乏冒险精神，也缺乏广交朋友的人格魅力，然而他的谨慎、稳重的个性却是他未来成功的重要因素；他对金融的迷恋，对数字的记忆和理解以及对市场需求的洞察力等，这些特征都将推动他跻身为一位优秀的证券投资者。

2. 有经商天赋的"童工"

1939年，第二次世界大战爆发。这一年巴菲特9岁，他家里的生活又发生了很大变化，父亲霍华德开始从政，一家人从奥马哈市搬到了华盛顿居住。巴菲特因为对新环境比较排斥，不想过多地与陌生人互动，于是就把大量的时间用在读书上。

巴菲特喜欢的书和很多同龄人不一样，不是那种童话或者奇异故事，而是经济类的图书。有一次，巴菲特在书店里看到一本名叫《赚到1000美元的1000个方法》的图书后，还记住了书中的一段话："对于创业者来说，昨天再好也过去了，而最好的机会就是'现在'！"这句在现在看来很是鸡汤的语录让巴菲特铭记终生，他由此获得了启发——想要做什么就立刻行动，绝不能守株待兔。

由于不太适应大城市的节奏和喧嚣，巴菲特写信给祖父欧内斯特诉苦，欧内斯特虽然为人啬刻薄，但还是很疼爱巴菲特的，于是写信给巴菲特的父亲霍华德，让巴菲特回到奥马哈读完小学，于是巴菲特又得以回到了家乡。

回到奥马哈以后，巴菲特和祖父以及姑姑爱丽丝住在一起。爱丽丝是一个经济学教师，她十分疼爱巴菲特，把自己在经济学方面的知识传授给了他。巴菲特的勤奋和聪敏受到了爱丽丝的赏识，他们的关系融洽得像一对母子。

如果说姑姑带给小巴菲特的是知识传承和情感交流，那么祖父带给他的就是人生的历练了，因为巴菲特开始了在杂货铺的打工生涯。祖父的杂货铺位于奥马哈邓迪区中上层社区，足足有两层车库那么大。店员们每天都要来回搬动木梯，爬上爬下地取下来各种箱包以及瓶瓶罐罐，有时候还要去地下室拿顾客要的泡菜和腌制品，然后用滑轮把装满货物的篮子升上去，在称重计价以后包装好，再由一辆橙色的货车把这些东西送到奥马哈的家庭主妇手中。每当店员干活的时候，欧内斯特就会坐在夹层的桌子旁边观察着大家的一举一动，店员对他的评价是"什么也不做，只是发号施令"。不过巴菲特似乎不这么认为，他认为祖父是优秀的领导者，他对店里的情况了如指掌，懂得如何驱使店员干活，其实自己每天也做着大量的工作，只是做的和普通店员的工作不同而已。

巴菲特在店里拿着少得可怜的薪水，他觉得自己就像是一名"奴隶"，当时的他暗下决心，自己的一生绝不该如此。

欧内斯特没有因为巴菲特是自己的孙子就照顾他，每天都会给他安排大量的工作，让年仅12岁的巴菲特饱尝了"童工"之苦。不过巴菲特却很有忍耐力，因为在他看来，这不是简单、没有任何意义的工作，这是在了解商业思维的过程。

有一次，欧内斯特让巴菲特和他的朋友约翰·巴斯卡去铲雪，当时雪很大，地面上的积雪足有30多厘米厚且冻得像生铁一样，巴菲特和朋友必须铲掉几个地方的整整一层雪，其中包括顾客停车的地方、店铺的后巷以及卸货点等位置。结果，两个人足足干了5个小时，手指头都冻得伸不直了。干完后欧内斯特问他们："该给你们多少钱？"最后给他们的劳动报酬是20美分每小时，而且是两个人平分，这在当时是一笔微薄的收入，远低于他们的付出。经过这件事，巴菲特学到了一个经验：任何"交易"之前必须明确交易内容，避免出现像祖父那样定义模糊的承诺，否则就可能吃亏。

欧内斯特的时间观念很强，只要未在规定时间内回来就要被斥责"没有时间观念"，在这种严酷的管理体制下，巴菲特逐渐养成了勤劳做工的习惯，让他对时间有了全新的认识——时间本身不能创造财富，但遵守时间却可以创造财富。

欧内斯特对这个孙子十分欣赏，因为巴菲特时刻都在想着如何去赚钱，只要有空他就会去社区四处收集废报纸、杂志，然后在艾丽丝姑妈的带领下去废品收购站变卖，每100磅的废纸可以卖到35美分。

后来杂货铺的生意很是火爆，所以总需要人手帮忙。当时有一个名叫查理·芒格的年轻人，他会在每个星期六来店里打工。查理·芒格比巴菲特大7岁，内向的巴菲特并没有和他有多少交流，但他不知道的是，这个人将成为他日后毕生的挚友及黄金搭档。查理·芒格也在欧内斯特手下学到了不少东西，他最大的感慨就是："没有谁会在店里晃荡，从早上开店一直到夜里打烊，你始终都会忙得不可开交。"

在打工和念书的闲暇时间，巴菲特也拥有少量的社交生活。他和霍华德以前的合作伙伴卡尔·福尔克保持着紧密的联系，还会去他家中共进午餐。福尔克一家都喜欢巴菲特，而巴菲特喜欢去做客的原因很简单：福尔克家中有大量经济类的藏书。只要有时间，巴菲特就贪婪地阅读，很快将福尔克家中有关股票投资的书全部读完。后来，头脑得到武装的巴菲特突然自信满满地对福尔克一家说："我要成为一个百万富翁，如果实现不了就要从奥马哈最高的建筑上跳下去。"这句话吓坏了福尔克的夫人，她问巴菲特为什么要赚那么多钱。巴菲特说："夫人，我觉得用我的智慧和知识赚钱的过程，将是一件多么愉快的事情。"

1943年6月，巴菲特回到了华盛顿。当年7月，巴菲特一家搬到哥伦比亚特区，这里环境清幽，房前屋后种植着成片的树林，每到夏季能看到漫无边际的林海。

巴菲特进入艾里斯迪中学就读，他的学习成绩却不理想，很多考试科目只达到了B或者C，而且学习环境也让他感到有压力。班里的同学都是富家子弟，谈吐得体、举止优雅，然而从奥马哈小城走出的巴菲特显得土气，加上他因为跳级而年龄偏小，和同学存在着隔阂。由于无法适应新环境，巴菲特的成绩持续下滑，更糟糕的是他还新结交了几个"损友"，他们竟然怂恿巴菲特一起去一家名叫西尔斯的百货商场偷东西。当然，巴菲特并非缺钱，纯粹是为了释放压抑的情绪。所幸的是，他很快醒悟了过来，并厌倦了这种生活，最终和那些狐朋狗友分道扬镳了。

巴菲特始终不喜欢华盛顿，每天过得浑浑噩噩的。有一天，巴菲特无意中看到有人为《华盛顿邮报》送报纸，顿时被这份工作的乐趣点燃了，他马上应聘成了一名送报童。父亲霍华德担心这份兼职会分散儿子的精力，就要求他必须将成绩提高，否则就别再做送报的工作。巴菲特马上加倍努力学习，成绩进步得飞快。

巴菲特是一个做事喜欢动脑子的人，经过一段时间的送报，他发现一个被别人忽视的事情——《时代先驱报》《华盛顿邮报》的发行路线几乎一致，而在当时这两份报纸是人们订阅最多的。当时巴菲特顿时闪过一个念头：如果同时送两份报纸岂不是赚双份的钱？有了想法就马上付诸行动，这是巴菲特的风格，他来到《时代先驱报》的发行处申请到了送报的名额。这样一来，他用一份工作的劳动量赚到了双倍的钱。

每天清晨，当大多数人还沉浸在梦乡时，巴菲特已经出发在送报纸的路上，他的工作效率很高，500份报纸只需一个钟头就能送完，因为他为自己设计了一个最完美的送报路线，被人们称为"超级报童"。后来，巴菲特又找到一个下午送报的工作，送的报纸叫《明星晚报》。当时，订这份报纸的用户群体是上流社会，很多人都是华盛顿的贵族，巴菲特知道这些人更注重服务的品质，所以无论风霜雪雨他都准时将报纸送到订户手里，这让用户十分满意。

送报纸看似是体力活，其实也需要动脑子。巴菲特刚开始送报的时候，是抱着所有报纸一层一层地送，这样很浪费力气和时间，后来他总结了更有效率的方法：譬如在一共8层的韦内斯特公寓里，他先是把一半的报纸放在4楼的电梯平台上，然后拿着另一半上8楼，这样就可以在各层之间送报，在从上往下的期间报纸只会越来越少，省时又省力。

巴菲特在送报时总会思考一个问题：怎样能赚到更多的钱？在他看过的那本《赚到1000美元的1000个方法》中有一句话："丰富你的产品线，能增加总收益。"于是，巴菲特开始在送报时向订户推销杂志，最终他的月收入超过了他的中学老师。

虽然赚到了钱，但巴菲特不会乱花，而是会锁在抽屉里，任何人都不能靠近，因为这是他日后投资的"原始资本"。

看似普通的送报工作，在巴菲特的琢磨和策划下，成了具有商业智慧的管理和营销的案例，可见巴菲特过人的商业头脑，加上之前在杂货铺的打工经历，让巴菲特了解了个体经济的结构特征和运行规律，了解了商品经济的本质。随着年龄的增长，巴菲特逐渐展现出独立自强的一面。他看似谨小慎微，其实又雄心勃勃，这种多面的性格成为那个时代众多美国民众的写照。

3.早期淘金：弹子机和劳斯莱斯

巴菲特在4岁那年，姑姑送给他一个精致的镀镍的钱包。巴菲特喜欢将它挂在腰带上，仿佛自己是一个腰缠万贯的"富翁"。霍华德见状打算给儿子的钱包里塞进几个硬币，却被巴菲特拒绝了："爸爸，你要知道，它不会一直空着的，我要靠自己的能力把钱包填满。"当时，霍华德以为这不过是一个孩子的玩笑话，却没想到巴菲特一直牢记这句誓言并付诸行动。

巴菲特送报的那段时间，他一共积攒了2000多美元，这在当时也是一笔不小的收入了，然而他并不满足，时刻找寻着新的赚钱机会，他的高中同学唐纳德·丹利成了他的投资伙伴。

丹利的母亲死于战乱，父亲是一位忙碌的律师，没工夫照顾他，丹利本人十分痴迷科学且在维修方面有天赋，大部分时间都和巴菲特混在一起。两个人相处得很融洽，都没有酗酒、嗜烟等不良爱好，而且他们都对数字十分敏感，经常在一起做数字游戏：一个人随机说出一堆数字，另一个人马上进行心算。

有一次，丹利花25美元购买了一个二手弹子机，本来是想和巴菲特作为业余消遣用的，但因为机器太过老旧，经常出问题，而丹利发挥自己的维修天赋将机器修好了。后来巴菲特灵机一动，提出将弹子机出租给理发店的建议。因为巴菲特知道，很多人在排队等待理发时很无聊，于是他马上联系理发店并谈妥了合作方式：与理发店老板将弹子机赚到的钱对半分成。

巴菲特只用了一天，他们的弹子机就赚取了将近15美元的利润，又过了三四个星期，两个人的业务范围扩大到了附近的7家理发店。巴菲特还为此成立了一个"威尔森游戏公司"，每个星期的净利润达到50多美元。在公司成立之后，巴菲特和丹利各自发挥长处。巴菲特开拓业务和选购二手弹子机，同时负责记账，让他们了解自己的财务状况；丹利负责维修购买回来的机器并对客户进行售后服务。由于两个人还是学生，害怕被客户欺负，就故意在和客户谈生意时打扮成大公司的业务员，甚至当理发店老板提出更换新游戏机时，巴菲特还会一本正经地回复："先生，我也很想这样做，但是你知道这件事情必须经过我的老板同意才行。"

弹子机生意，让巴菲特在获得丰硕资金回报的同时积累了宝贵的商业经验，体现出他在投资领域的敏锐嗅觉和缜密的思维。有趣的是，随着弹子机生意的火爆，巴菲特也有了一个新爱好——收集硬币。原来，当时弹子机的收入很多都是硬币，起初巴菲特对它们无感，但随着时间的推移，他开始喜欢上这些银光闪闪的东西。

巴菲特和丹利通过自主创业尝到了甜头，他们开始尝试各种赚钱的路子。很快，他们花费350美元从废品收购站淘了一辆1928年生产的劳斯莱斯。原本这种接近报废的汽车在别人眼里就是废物，但巴菲特却从中看到了商机。两个人把这辆破车弄回家以后，由丹利负责维修并重新上漆，然后将其出租。结果，这辆本该退休的汽车每天为巴菲特他们带来30美元的收益。

别看巴菲特当时只是一个十几岁的高中生，但他已经有了一笔不小的存款，足够买下一座农场。终于他真的这么干了，他花费1200美元在内布拉斯加购买了40多亩的农场。巴菲特当然没有时间打理，于是把农场租给了一个农夫，摇身一变成了农场主。此时巴菲特的个人资金已经达到了6000多美元。

让巴菲特没想到的是，他购买农场的事情在学校传开了，同学们都认为他是一个拜金主义者，于是改用"农场主"来称呼他。对此，巴菲特并不在意，当然，他也没有因为像农场主一样富有而变得大手大脚，反而比平时更加节俭，他永远都是一身土气、过时的运动鞋和衣服。

虽然巴菲特不修边幅，还有着"农场主"的绰号，但他在老师眼里是一个"智囊"，因为他比任何人都了解股票，这让很多老师都主动找他获取炒股的信息，而巴菲特提供的情报和建议也让这些老师赚到了钱，巴菲特以这样特立独行的方式在学校"走红"。

1946年，巴菲特从高中毕业时，老师给了他这样的评语——一双明亮的眼睛露出对商业的渴望，简朴的发型看起来温和乖巧，未来将成为经济家。

毕业后，巴菲特和丹利一直保持着书信往来。后来丹利继承了一笔6000美元的存款，巴菲特不断为他提出理财的建议，丹利则将每一条建议都记在心里。

霍华德良好的家庭教育让巴菲特拥有出色的独立思考能力，他不会盲目从众，所以在外人看来有些另类。特别是在大家沉迷于体育和娱乐新闻时，他总是埋头研读和股票有关的信息，所以存在感很低。但这种"低"其实是天才不同于常人的外在表现，实际上巴菲特把更多的时间用于学习和钻研，而不是在外界展示自己。正是通过这种厚积薄发，才让他从一个做小生意的精明人，逐渐成长为操控经济杠杆的投资大师。

4. 哥伦比亚大学：初识"教父"

1947年，17岁的巴菲特高中毕业，原本他应该进入大学念书，然而巴菲特却认为念大学是在浪费时间，于是带着他积攒的6000美元准备创业。巴菲特之所以做出这样的决定并非狂妄，而是因为他觉得自己拥有相对深厚的理论知识，也积累了足够的商业投资经验，与其在象牙塔继续学习理论知识，不如尽早步入社会。

如果巴菲特真的就这样进入社会，他日后的人生可能会重新改写，因为他当时掌握的不过是比较粗浅的经商知识，还谈不上对金融有着深刻的认识，他可以成为一个有钱赚的小生意人，但很难成为名震全球的金融大鳄。所幸的是，霍华德对儿子的想法并不支持，他坚持要求巴菲特继续读书，在父亲的力劝之下，巴菲特最终进入宾夕法尼亚大学的沃顿商学院。

沃顿商学院是美国第一所商业学院，在世界范围内也极负盛名。起初巴菲特对这所学校毫无感觉，他依然琢磨着如何做生意，他甚至买来一辆灵车停在家门口打算出租，结果被霍华德大骂一顿，最后只得卖掉。同时，他也把经营弹子机的生意转让给了别人，开始一门心思念书。

霍华德对沃顿商学院是非常满意的，他觉得巴菲特能够在这里提升投资金融的能力，但他也知道大学生活更加独立，而缺乏自理能力的巴菲特注定会吃苦头，于是他为儿子物色了一个名叫查特·皮特森的室友。他是霍华德朋友的儿子，比巴菲特年长5岁，生活方面比较自立，可以帮助巴菲特尽快成长。

当皮特森第一次见到巴菲特时，才知道霍华德为什么再三叮嘱自己要照顾好这个室友了。原来巴菲特的自理能力极差，只要他去过浴室，那里就到处都是肥皂沫和乱扔的毛巾。这让爱干净的皮特森无法适应，他只好告诉巴菲特要注意个人卫生，然而很快他就发现巴菲特根本做不到，因为他就是一个处于青春叛逆期的青年人。

大学时代的巴菲特不像高中时代的人缘那么差，他学会了打桥牌，并且牌技出众，由于经常参加这种娱乐活动，所以结识了不少牌友。后来，巴菲特又成了共和党俱乐部的负责人，同时他参加了一个名叫阿尔法西格玛联谊会的兄弟会，虽然拥有了丰富的社交生活，但是在和异性接触方面，巴菲特几乎是一片空白。

这也让巴菲特有更充足的时间和精力钻研他喜欢的事情，他经常待在费城的股票交易所里，整天追踪股票行情并研究股票走势，不过只限于分析而没有投资。这不是巴菲特不敢出手，而是他认为自己还没有找到投资的秘诀，因为他的脑子里没有构建出系统的框架，只能画一画股票走势图，他也不想像其他散户那样盲目投资。结果时间一长，巴菲特渐渐发现自己似乎永远找不到投资的诀窍，这不是他头脑不够聪明，而是学校传授的知识缺乏操作性。在他看来，那些顶着一堆头衔的教授都是纸上谈兵，而说到理论，巴菲特并不比他们少，那学习的意义又在哪里呢？

由于求知欲得不到满足，让巴菲特最终下定决心：离开沃顿商学院。

对于这个决定，霍华德当然不同意，于是巴菲特又耐着性子读了一年，最后又提出转学，霍华德终于同意了。

1949年，巴菲特转学进入了内布拉斯加大学的林肯商业管理学院，不过只是一个"挂名"的学生罢了，因为他将大部分精力都用在了投资实践上。学校里传授的空洞教条的理论，对他来说毫无用处，他不费吹灰之力就能在考试中拿到A。于是他利用空闲时间继续做生意，他当上了《林肯》报纸的营业部主任，负责6个村庄的投递工作。为此他聘请了50个报童，他自己则开着一辆福特汽车监督他们工作。与此同时，巴菲特还销售男士衬衫，了解了有关企业运营的知识。后来他又开始出售高尔夫球等生意，此时巴菲特的个人资产高达9800美元。

1950年，巴菲特只用了一年的时间就将14门课程全部学完，最终以优异的成绩顺利毕业。毕业之后，巴菲特向哈佛大学商学院提出入学申请。这在一般人来看是不小的挑战，然而巴菲特却自信满满，他认为自己功课优秀且精通股票，肯定会入选。然而令巴菲特没想到的是，他只用了10分钟就被面试官淘汰了，对方给出的理由是，巴菲特只有16岁人的面容和12岁人的身体，换句话说就是看起来很稚嫩，身体也不太健康，让他再过几年再来应试。

被哈佛拒收对巴菲特的打击很大，就连父亲霍华德也十分不解，他鼓励儿子去其他学校试一试。于是，巴菲特把当时自己感兴趣的名校全都罗列出来，他无意中看到了哥伦比亚大学的介绍手册，上面写了这样一句话："没有任何一所学校能像这里一样，提供这么多让你熟悉商业行为的机会。"哥伦比亚大学确实有很多商界的精英到此任教、讲学和参加各类活动，学生们有很多机会接触到这些金融大腕，这一点连哈佛都望尘莫及。

在介绍手册中，有两个名字引起了巴菲特的注意，一个是多德，另一个是格雷厄姆。多德是哥伦比亚大学的金融系主任兼商学院副院长，而格雷厄姆是金融系教授，他对巴菲特而言是"金融教父"级别的人物，也正是看到了这个名字，才让巴菲特毅然决然地选择了哥伦比亚大学。

格雷厄姆全名叫本杰明·格雷厄姆，他是犹太后裔，父亲早逝且没有留下什么遗产，母亲因为炒股而赔光了家底，所以格雷厄姆一面努力学习一边赚钱养家。后来他去了美国的金融中心华尔街，先后做过推销员和统计员，后来他开始专门撰写研究报告，其清晰的逻辑和文字功底帮助他在华尔街很快崭露头角，迅速升职为证券分析师。

1923年，格雷厄姆拿出50万资金成立了格兰赫私人基金，到了第二年基金的回报率就高达100%，比同期股票价格的增长率高出21%。就在格雷厄姆准备大干一场时，他和股东关于分红产生了冲突，基金最终解散。后来，格雷厄姆结识了杰罗姆·纽曼，两人在1926年成立了格雷厄姆·纽曼投资公司，格雷厄姆负责证券分析，纽曼负责公司管理。两个人的第一笔股票投资就赚到了250%的利润，公司迅速扩大。格雷厄姆也积攒了经验，并将其和理论相结合，形成了一套属于他的股票投资知识体系。

当时美国的金融界精通数学的从业者很少，他们甚至连基本的财务问题都弄不明白，而这恰好是格雷厄姆的强项，因为他比大多数投资者更加冷静，擅长从现象深入本质去发现问题。20世纪初的华尔街并非完全没有成熟的投资理论，只是有一个被称为"道氏理论"的东西存在，它原本是用来预测经济形势的，后来被人强行搬到证券分析中。

"道氏理论"的核心观点是，股票市场存在规律性的变化，它是由很多趋势构成的并受到多方面的制约。这个似是而非的阐述很明显不是从实际出发，而是肤浅地研究股市的表面，没有考虑到那些上市公司的财务和发展情况，导致很多投资者在选购股票和预测大盘走势时，忽略了公司财务报告，因为股票在证券投资中被看成是低档次的债券种类。

格雷厄姆超越了同时代人的认知上限，他进入股市之后就将主要精力放在研究上市公司的财务报告上，终于发现一些公司被市场低估或者隐瞒资产和利润的现象，而这些数据的掌握有利于他对投资方向的判断。后来，巴菲特也学到了这项重要技能，通过各种财务报告去了解控股关系并做出进一步的行情预估。

格雷厄姆是美国金融界的投资大师，他的投资理论为金融界乃至美国社会做出了巨大贡献，是公认的证券分析和投资理论的奠基人。格雷厄姆的金融分析学说影响了之后的很多投资大师。据说，华尔街的几十个金融巨头都自称为格雷厄姆的信徒，所以他也被人称为华尔街教父，甚至有人认为，格雷厄姆对投资界的价值如同达尔文对进化论同等重要。

格雷厄姆，一个理论深厚且经验丰富的教授；巴菲特，一个专业扎实且酷爱实践的学生，他们似乎成为教学相长模式的最佳样板，正是有了和"投资教父"的命中相遇，才让巴菲特证券投资生涯有了更高的起点。

5. 启示录：《聪明的投资者》是这样影响市场的

1950年，巴菲特正式进入哥伦比亚大学商学院，从这一刻开始，"价值投资"影响了巴菲特的一生。

1934年，格雷厄姆出版的《证券分析》引起了强烈关注。这本书汇集了巴菲特毕生的投资理论精髓，并提出"价值投资"这个核心论点。"价值投资"被分为两个方面：一个是股票的基本价值，即股价由实际价值决定，投资者不能只看到股价的短期变化而是要锁定它的基本价值；另一个是投资者在锁定股票的基本价值以后，应当找出被市场低估的、价格低于实际价值的股票，对这些潜力股进行投资。

格雷厄姆在"价值投资"这个定义提出前，对它有过一个非正式的说法叫"捡烟蒂"："你满地找雪茄烟蒂，终于找到一个泛黄、发霉的烟蒂，看上去还能抽上一口。这虽然听上去比较荒诞，但是如果你找的是一口免费的雪茄烟，这方法还值得做。"格雷厄姆提出价值投资和20世纪初的美国社会状况有关，当时金融市场虽然一片繁荣，但没有形成正确的投资理念，对于什么东西值得投资概念模糊，而格雷厄姆认为这是缺乏理性精神的表现，所以他将母亲投资股票失败看成是盲目投资的典型案例。他认为投资者首先要找到的不是一个能获得回报的项目，而是一个正确的投资理论。

1949年，格雷厄姆出版了《聪明的投资者》一书，这本书可以视为对他此前出版著作《证券分析》的通俗解读。该书主要面向一些专业知识不强的投资人，而巴菲特则是最忠实的读者之一，他从看到这本书的第一眼开始，就意识到它将对自己的投资生涯产生重大影响。

在师从格雷厄姆以后，巴菲特认为自己找到了人生中最重要的老师，因为格雷厄姆和之前的老师完全不同，他十分注重提升学生的学习兴趣，授课风格幽默风趣且深入浅出，不会强行向学生灌输知识，而是最大限度地调动学生的积极性，通常是先提出一个问题让学生思考，随后逐步解开谜团，因此被学生称为当代的苏格拉底。

当时，巴菲特在班里年龄最小，而且同学们大多数在华尔街历练过，不过巴菲特的经商经验却是很多人比不了的，更何况他还掌握着深厚的理论知识，因此在课堂上同样表现积极。有一次，格雷厄姆向大家展示了两张资产负债图，然后问学生会投资哪一家。第一张图显示A公司业绩突出，第二张图显示B公司处于困境，很多学生选择了A公司。结果，格雷厄姆告诉学生们，他们的选择没有问题，然而A和B其实是同一家公司，负债图只是属于不同的两个时期而已。

听了老师的解释后，学生们都惭愧地摇了摇头。这时格雷厄姆解释说，股市行情瞬息万变，作为一个投资者不应该将精力只放在股票行情上，而是要多关注企业的发展状况，才能真正了解股票的实际价值，也就是内在价值。就在这时，巴菲特向格雷厄姆提了一个问题："投资的秘诀是要投资实际价值高于市场价格的股票吗？"

格雷厄姆肯定了巴菲特的说法，随后指出："选择股票要看该上市公司的上升状态，而且估算出一只股票的价值很难。"最后，格雷厄姆又向学生提了一个问题："你们认为自己在未来的投资中应该怎样寻找有潜力的股票呢？"未等其他人回答，巴菲特就抢着回答："寻找那些内在价值高于市场价格的股票！"这个回答得到了格雷厄姆的赞许，他也由此记住了"巴菲特"这个名字。

价值投资即是对企业"内在价值"判断的结果，对这套理论，巴菲特既有吸收也有加工。他形成的实操方法是，在选定一只股票之前，他首先考察的是该股票的公司是否优秀，再看它现在的管理状况和业绩，最后才是了解价格。简言之，价值投资就是利用价格和价值的出入，以低价买入目标股票然后以更高的价格卖出之前低价买入的股票，它是一种专门寻找价格被低估的证券的投资方式。

举个例子，某一只股票原本价值30元/股，却因为被市场和股民低估变成了10元/股，那么价值投资就是要赚取从10元/股回到它原本值的30元/股的差价——20元/股，从而实现价值回归。

价值投资这个选股方法在巴菲特的投资生涯中基本没发生过大改变，因为它是目前唯一能够撬动市场而发挥主导作用的投资策略。假设你是一个为市场贡献资金的投资者，交出去的是价格，拿回来的是价值，就应该首先分析企业的价值，尤其是当某个企业的价值被低估时就意味着有巨大的上升空间，而不必劳心费神地考虑每个股票的价格周期和大盘走向，那不是聪明的投资者该思考的。

在巴菲特看来，价值投资只要考虑到安全边际，也就是某企业的股票价格大致等同于实际价值，那么价值投资通常能够获得高于市场平均水平的投资业绩，从而规避开"高风险才有高收益"的一般规律，所以价值投资理论具有收益高、风险低的优势。那么，究竟是什么力量让价值投资能反推一般投资规律呢？主要是因为股市的波动对高价值企业的误判，如果投资者能合理利用价值规律就相当于"钻了空子"。

时至今日，价值投资已经引起了越来越多的人关注，不过敢于实践的人并不多，因为大多数人习惯了传统的投资策略。在巴菲特看来，人性中存在的某些不良因素会导致人们惯于将简单的事情复杂化，对看起来简单明了的规律反而充满警惕。从这个角度看，越多的人不相信价值投资理论时，那就说明有价值的东西只会被少数人关注，而如果你遵循价值投资规律，很可能就是获利的一方。

巴菲特在哥伦比亚大学的经历，也是一次有关人生发展的"价值投资"。当时的格雷厄姆只是一个经商失败的大学教授，还没有后来的东山再起，但巴菲特看到了他的"价值"是远高于他当时拥有的财富和社会地位的，所以一门心思成为他的学生，由此吸收的知识和经验让他受用终生，而这都得益于巴菲特的理性的思考与长远的眼光。

那么问题来了，如果你不能像巴菲特那样理性，你只能和股市上的大多数人一样，被情绪控制，无法自主地理性思考，进行冲动、盲目的投资；而要避免投资失败，只能像巴菲特那样，摆脱情绪的控制，不受从众心理的影响，回归独立思考的状态，冷静地窥探事物的本质，才可能做出正确的投资决策。

1951年，巴菲特拿到了经济学硕士学位，同时得到了格雷厄姆"A+"的成绩评定，这可是格雷厄姆20多年教学生涯中第一个给出的"A+"。此外，格雷厄姆还对巴菲特大胆进行了预测——他将成为最伟大的投资金融家。

在哥伦比亚大学，巴菲特不仅遇到了恩师，还结识了一些意气相投的挚友，他们很多人在巴菲特日后的投资生涯中再度出现，给予他很大帮助，有些人还成了他的合作伙伴。其实，巴菲特能够交到这些朋友也是有意识的行为，因为他知道在格雷厄姆的影响下，会有很多学生在未来成为金融界的翘楚，这其中就有来自哈佛大学的威廉·瑞恩，来自内布拉斯加大学的比尔·克瑞斯泰森等人，他们紧紧围绕在格雷厄姆身边，经常集体打球或者组织集体活动，抽空还会讨论格雷厄姆的理论，在这种思想的碰撞和交流中渐渐吸收了格雷厄姆投资理论的精髓：以最少的投入购买最有价值的股票。

在这群金融骄子当中，巴菲特逐渐成为他们的中心，他出众的投资天赋导致关注度越来越高，很多人是因为他才被吸引到这个圈子中。虽然这一时期巴菲特的性格没有明显的变化，但他的社交圈子质量却明显提升，当这些学子走出校园以后，就会慢慢汇聚成一股强大的金融力量。

第二章

金钱永不眠的华尔街

1. 如果你的老板是格雷厄姆

巴菲特大学毕业后，他和其他同学一起开始找工作。因为是二战刚结束后不久，美国的经济状况并不好，稳定的工作很难找。巴菲特转了一圈之后，最后把目光锁定在了恩师的公司——格雷厄姆·纽曼投资公司。他认为自己还没有完全消化格雷厄姆传授的理论精髓，所以想要一边学习一边工作。让巴菲特没想到的是，格雷厄姆竟然拒绝了他，同时给了他明确的解释："沃伦，放眼华尔街，大型的投资公司都不雇用犹太人，而我的公司的能力有限，只能聘用几个员工，因此我得把工作机会留给犹太人。"

原来，当时格雷厄姆公司从上到下都是犹太人，这是因为在二战后美国的犹太人求职很难，所以格雷厄姆不能把宝贵的名额给经济并不困难的巴菲特。巴菲特理解了老师的苦衷，不过他进入投资界的想法并没有被打消，而格雷厄姆也给出了建议："在危机过去之后再进入华尔街，目前要做的是找一份稳定的工作。"

当时美国的经济环境的确堪忧，华尔街的道琼斯指数经常跌到200点以下，几乎每个行业都不稳定，导致股价时常波动，而父亲霍华德也认为儿子不要急于去碰证券，于是巴菲特怀揣毕业证书回到了奥马哈。

由于巴菲特在家乡已经小有名气，奥马哈的国民银行重金聘请他去工作，却遭到巴菲特的婉言谢绝，因为他觉得自己必须在投资界中积累经验，而进入银行就缺少了相关经验的积累，对未来发展不利。后来在格雷厄姆的推荐下，巴菲特去了一家名叫比尔·罗森沃尔的公司，后来因为他要在奥马哈本地的警卫队服役才中途离开。最终，巴菲特还是去了父亲的公司——巴菲特·福尔克公司。

在父亲的公司里，巴菲特毫不犹豫地从底层干起，这是为了得到真正的锻炼。此时的他成为一名投资推销员，主要负责分析股票并将有价值的股票向客户推销，然后从客户的纯利润中按比例抽取佣金。因为他在研究股票方面有着另类的视角和过人的能力，他从来不会只盯着热门股票，而是善于发现那些看似普通却藏着上升潜力的股票。在他向客户推荐的股票中，客户基本上都获得了3倍的收益。

巴菲特在父亲的公司任职期间，始终不忘记和恩师格雷厄姆写信，向他请教投资上遇到的困惑，还把自己认为有升值潜力的股票推荐给老师。他们之间的师生关系也得到了进一步加强，从一开始的"格雷厄姆先生"变成了"本"，而格雷厄姆也开始亲切地叫巴菲特为"沃伦"。当然，巴菲特真正在意的是要到老师身边工作，他认为只有从格雷厄姆那里才能学到更多的投资知识和经验。

1954年，随着美国宗教障碍的解除，奉行排犹政策的华尔街放开了政策，格雷厄姆的公司不需再特意地去招聘犹太人，他的公司也可以给巴菲特留住一个名额。而这一天，巴菲特足足等了3年，他甚至连能拿到多少薪水都没有问，因为他相信格雷厄姆会给他合理的待遇。

格雷厄姆的公司位于纽约市中心第42大街的查尼大楼中，公司当时有6名职员，运营资金总量为600万美元，从硬件设施上看不算大公司，但有格雷厄姆坐镇，他的理论、经验以及人脉都决定了这家公司内力深厚。

格雷厄姆是一个"防御型"的投资专家，他感兴趣的股票都是成交价格低于公司净运营成本三分之一的种类，他为员工安排的工作就是寻找符合这种特征的股票。格雷厄姆会对这些股票进行分析并做出快速判断是否购买。在这个问题上他决策果断，绝不会犹豫观望，即便有人提出反对意见，他也要坚持到底。

格雷厄姆之所以能快速做出决定，和他惊人的浏览能力有关，他能够一眼在一张写满数字的报告上发现错误，让员工心生敬畏。但是当巴菲特入职之后，大家发现老板的学生无论是浏览能力还是判断能力都绝不在格雷厄姆之下，甚至青出于蓝。

有一次，一位来自费城的证券商愿意用每股15美元的价格提供给巴菲特一种名叫家庭保护公司的股票，该股票在业内毫不知名，为了对其进行评估，巴菲特只身前往宾夕法尼亚州的哈里斯堡市，参观了家庭保护公司并搜集相关数据，最后认定这是一只物美价廉的股票。但是格雷厄姆的合伙人杰罗姆·纽曼却不认可，他只是用个人账户购买了一部分股票，没有上升到公司行为，后来这只股票飙升到了370美元。

由格雷厄姆编写的《格雷厄姆·纽曼公司手册》中，提到了一个关键的理论——利用不同市场的价格差异获利。虽然当时没有几个人能利用这个理论赢得实际的回报，然而巴菲特却第一个做到了。

格雷厄姆平时是一个拘谨严肃的人，不过他对员工十分关心，特别是对巴菲特。他为了提高巴菲特的待遇，为他介绍了一个兼职工作——在一个名叫斯卡斯达的成人学校传授投资课程。然而，师生二人的关系随着巴菲特的经验积累发生了微妙的变化。巴菲特渴望通过盈利来获得一种成就感，而格雷厄姆却越来越小心谨慎，他总是把公司的资产安全放在第一位。

1955年道琼斯指数突破了420点，由于1929年金融危机的影响，格雷厄姆担心经济复苏的美国会爆发新的金融危机，所以更加坚持稳健的投资策略，他将主要的投资方向放在了一些廉价的股票上，并试图从中找到更简单更安全的投资模式。但是巴菲特却不这么认为，他在寻找价值的同时不忘记将股票的增值潜力当成重要的参考依据。

和恩师相比，巴菲特的目光更加长远，他认为在衡量股票的过程中，增长是不能被忽视的重要构成因素，因为存在着变量，所以巴菲特将更多的精力放在研究股票的增长上并练就了分析能力。在这种思维的影响下，巴菲特在分析一只股票的时候总会考虑为什么一家企业比另外一家企业更成功，所以巴菲特会对让他产生兴趣的公司实地考察，但是格雷厄姆就不会这么做，他更喜欢通过理论和公式计算做出判断。

巴菲特渐渐意识到他和格雷厄姆在观念上的差别越来越明显，他也无法理解格雷厄姆防御型投资的益处在哪里。更为重要的是，尽管格雷厄姆认同巴菲特的能力，却从来没有拨出专款让他尝试投资，这让巴菲特非常失望。毕竟，当时格雷厄姆·纽曼公司的基金规模只有500万美元，巴菲特有一种英雄无用武之地的郁闷。

有趣的是，当时不少人都迫切想要购买格雷厄姆·纽曼公司的股票，导致股票以高于公司各项投资组合价值200美元的溢价在进行交易，最后每股股票飙升到了1200美元。如果格雷厄姆是一个大胆的人，说不定就能成为业界大鳄，但他总是提醒自己保持冷静，把更多的精力放在研究数学法则上，从而忽略了公司的业绩。

1955年，道琼斯指数突破了420点，相比于狂热时期的1929年还要高出10%。经过20多年的孕育，股指走高是很正常的现象，但是一些经历过金融危机的人却为此忧心忡忡。为此，美国国会对牛市格局也缺乏信心，甚至组织了一次听证会。3月份，经济学家约翰·加尔布雷斯来到参议院银行委员会做了演讲，声称1929年的金融危机将会再度来临，还将他的著作《大崩溃》推荐给了美国民众。这本书在市场上引起了强烈的震动，导致当天股市大雪崩，很多人误以为一次大崩盘即将来临。

这次听证会的真正目的是当时的政治家都想研究华尔街内部的运行规律，从而掌握金融这根特殊的杠杆为政治服务，当格雷厄姆出现时，大家都想从他那里得知股票交易的很多知识。这时有人问格雷厄姆："当您发现了某只股票，我们举个例子，您可以用每股10美元买下这只股票，而您觉得它值每股30美元，于是建仓买进。但您只有当许多其他人也认为它确实值每股30美元时，才能获得每股20美元的利润。这个过程是如何产生的，是通过宣传呢，还是通过其他手段？"

格雷厄姆给的回答是："这正是我们行业的一个神秘之处。对我和其他任何人而言，它一样神奇。但是，经验告诉我们，最终市场会使得股票达到这种价值。"

格雷厄姆的这番回答称得上是"金科玉律"，这段话被巴菲特得知后，成了他日后奉行的基础。无论市场如何震荡，股票最终都会回归它的真实价值，一个投资者需要有耐心，更需要坚定自己的判断。

不过，巴菲特也意识到，1929年的股灾对格雷厄姆造成了严重的心理阴影，所以他奉行保守的投资策略，这能帮助他的公司长期平稳地发展，但也错过了高速发展的机会，而巴菲特是想获得飞跃并创造奇迹的，他们师生二人注定要走上不同的投资道路。

2.7 个人是如何创业的

1956年，巴菲特对格雷厄姆·纽曼公司截至当年30年间的套利手段进行了分析，最后得出这样的结论——20%的平均收益都是来自套利交易。根据这一结论，巴菲特把主要精力都放在研究套利交易的技巧上并在实践中不断完善。可就在这时，格雷厄姆突然宣布一个重磅消息——他准备退休。

根据当时的情况来看，有资格接替格雷厄姆的只有杰罗姆·纽曼的儿子米奇·纽曼和巴菲特，但是格雷厄姆却没有钦点接班人，或许他认为两个人都足够优秀，难以取舍，或者是有其他方面的顾虑。

从性格上看，巴菲特平易近人，无论是和同事还是客户都能维系融洽和谐的关系，米奇则是那种不苟言笑，有时候还傲慢无礼的人，这就注定两个人无法合作。因此巴菲特考虑再三认为，如果恩师离开，那么格雷厄姆·纽曼公司对他来说也没有任何吸引力，不如回奥马哈独自创业。

有趣的是，巴菲特虽然走了，但是米奇最终也未能接班，因为后来格雷厄姆·纽曼公司解散了。格雷厄姆·纽曼公司之所以无法继续经营，是因为公司的日常工作都是巴菲特主导的，离开他就等于一艘船断掉了龙骨，公司上下就变成一盘散沙，谁也带不动。

怀揣着创业的梦想，巴菲特拿着积攒的14万美元的存款，带着妻子苏珊和一对儿女回到了奥马哈。他在距离祖父杂货店两个街道的地方租了一套房子。安顿好家人以后，巴菲特开始集中精力研究自己要开创的新事业。与此同时，巴菲特的亲友为他组织了一个小型宴会，在宴会上巴菲特忽然宣布自己要成立一家效仿格雷厄姆经营模式的投资公司。一席话让在场的人都惊讶了，因为大家并没有想到巴菲特会树立这么高的目标。但是对巴菲特来说，此时的他不仅有创业的资金，也有单干的资本，他积累了投资经验，也建立了人脉资源，他不会再去给别人打工。

1956年5月1日，巴菲特的合作公司正式成立，成员一共有"7个人"，巴菲特的姑姑爱丽丝投入35000美元，巴菲特的姐姐多丽丝和姐夫杜鲁门·彼得斯投入10000美元，巴菲特的岳父汤普森医生投入25000美元，巴菲特的好友查尔斯·彼得斯投入5000美元，查尔斯的母亲伊丽莎白投入25000美元，巴菲特的律师莫奈恩投入5000美元。有趣的是，莫奈恩的5000美元是从岳母那里借来的，他告诉身边人，如果他怀疑巴菲特的能力那就是智商有了问题。不过让所有人没想到的是，巴菲特自己只投入了100美元。

虽然巴菲特投资最少，然而公司的管理者是他，当他进行决策时，别人不能向他询问具体内容，必须无条件地听从他。对此巴菲特的解释是："我会像经营自己的钱一样经营公司，我会承担相应的损失，也会获取我应得的利润，然而我不会告诉你们我是怎样经营的。"

合伙人之所以如此信任巴菲特，是因为人们早就发现他对股票有异常浓厚的兴趣，而且师从格雷厄姆以后，认知水平进一步提升，至于那些没有追随巴菲特的人，倒也不是不相信他的能力，而是没想到他会做得如此成功。

大部分公司的创业初期都是艰难的，特别是像巴菲特这种缺乏雄厚资本支持的人，为了减少试错成本，他努力研究格雷厄姆和纽曼的投资策略，同时查阅了很多证券类书籍，再对很多上市公司的财务报表进行分析。除此之外，巴菲特时刻都在吸收新的合伙人，只是效果并不好。当时巴菲特的办公条件太差了，是在卧室旁边的过道里办公，大家都吐槽这家公司没有秘书和计算器。

尽管硬件环境较差，但巴菲特通过夜以继日的研究，对当时美国的全部股票都了如指掌，包括每一家企业的财务报告。他只要分析一只股票时，脑海中就会闪现出相关数据。经过一段时间的煎熬和努力，巴菲特终于淘到了第一桶金。

当时，有一家名叫美国国民火灾保险公司的企业，在奥马哈当地可谓无足轻重，然而它的负责人是保险业大鳄阿曼森兄弟。早在20世纪20年代末期，这家公司的股票就分别卖给了内布拉斯加的农场主，后来阿曼森兄弟以每股50美元的价格买断了这只股票。当然在外行人眼里这是迷惑行为，一只没有名气的股票日后靠什么翻盘？

巴菲特当然也在思考这个问题，经过他的调查分析后发现，这只股票的真正价值远远高于50美元，未来必定会有增长空间。虽然有了大胆的判断，但巴菲特却没有机会购买。后来，巴菲特驱车绕着整个内布拉斯加州去寻找这只股票，甚至开出了每股100美元的高价。面对巴菲特开出的价码，他的律师莫奈恩认为巴菲特简直是疯了，不过他还是陪着巴菲特驾车开到了内布拉斯加州最远的地方，最后逢人就用"100美元收购股票"作为开场白。

在巴菲特的执念下，他最后收购了美国国民火灾保险公司10%的股份，最后他把股票卖给了纽约的一个投资者，获利10万美元。

尝到甜头以后，巴菲特的下一个目标是桑伯恩地图公司。它曾经是一个赢利能力很强的企业，业绩最好时，公司每股股票的价格约合65美元，然而随着地图行业的没落，其股票每股降到了45美元。从1958年到1959年期间，巴菲特持续买进桑伯恩地图公司的股票，他相信格雷厄姆的那句名言，"股票的价值迟早会回归"。然而这一次，名言未能应验，桑伯恩的股价没有上升。

当时，桑伯恩实际发行105000股，而当时公司的全部董事只持有400股股份，也就是说绝大部分股票都流落在外，所以无论股价怎样下跌董事们都无能为力，即便他们找到了优质的投资项目，可能让公司起死回生，但因为股权占比太小无法产生影响。然而即便如此，巴菲特依然坚信价值回归理论，因为他知道虽然公司的待遇也每况愈下，但董事的年薪照常发放，这意味着公司不会在短时间内垮掉。

巴菲特从来不会通过直觉决定是否购买一只股票，也不会轻易否定一只股票，他对投资项目的判断依据都来自充分的调查和研究。正是这种基于理性认知的工作方法，让巴菲特能够坚持在旁人看来或疯狂或犯傻的投资行为，所以巴菲特说，投资不是单纯依靠智商就能获得回报的游戏，只有理性才是决定成功的关键因素。

参照格雷厄姆公司的模式，巴菲特将自己变成了桑伯恩的董事，然后劝说公司高层深挖每一个投资项目背后的真正价值。然而这些管理者思维僵化，并不能理解巴菲特的提议，纷纷拒绝了他。出于各方面的考虑，巴菲特之前并没有向他的合伙人说明自己已经把全部资金的35%投入桑伯恩的股票中，但他现在无法隐瞒，因为他需要更多的资金，于是就动员认同自己的股东向公司施压，终于在1960年，公司同意拿出资金对股票进行收购，巴菲特最终赚到了50%的利润。

巴菲特和他的合伙人之间就是在这种微妙的关系中维系着公司的运营，大家相信他，但也担心某些激进的行为会让公司陷入风险，而巴菲特既要对合伙人负责，又不想每件事都受到他们的掣肘。

随着实操的经验越来越丰富，巴菲特也不断补充着理论知识。他对当时市面上的股票和债券都进行了深入的分析，甚至每个上市公司的财务报表中的数字他都了如指掌。对巴菲特而言，曾经被他向往的华尔街不再是一个神秘莫测的存在了，他坚信凭借自己的分析能力会获得更大的回报，他要成为美国投资界的传奇。

3.怎样从人脉中找出最佳伙伴

1956年的夏天，一个陌生人敲响了巴菲特的家门，这个人名叫荷马·道奇，是佛蒙特州诺维奇大学的校长兼物理学教授，也是格雷厄姆的好朋友。他听说有个年轻人十分出色之后就主动上门。巴菲特对于有这样一位贵客登门倍感意外，两个人很快交谈起来。聊着聊着，道奇忽然拿出12万美元给巴菲特："我想让你来管理我的钱。"随后道奇表示，想和巴菲特成立一个合伙公司。

道奇的出现，给巴菲特的公司送来了一道曙光。原来，此时的巴菲特虽然做成了几笔生意，但对他而言只是一个良好的开局，他还需要赚更多的钱维持公司未来的运营和发展。事实上，当时巴菲特面临的情况并不乐观，一是他在业内还没有足够大的名气，二是他缺少管理公司的经验，所以大家对这个小公司并不感兴趣。另外，巴菲特对客户也十分挑剔，他总是要掌控绝对的资金使用权，不想被客户左右，这在投资界是很难让人接受的。

所幸的是，道奇的出现预示着巴菲特的合伙人公司走上逐渐扩大的道路。此人做事雷厉风行，他马上联合家人组建了一个合伙公司，成了巴菲特创办公司以来第一个来自圈外的投资者兼合伙人，直到他在1983年去世，他一直在为巴菲特投资。

对于巴菲特来说，道奇就是他发展遇到瓶颈时的强力外援，而这样的外援正在逐渐增加。1957年的夏天，一个名叫埃德温·戴维斯的泌尿科医生打电话给巴菲特，他自称是病人介绍过来的，想和巴菲特谈投资的事。一个星期过后，巴菲特拜访了戴维斯，向他们一家介绍了自己奉行的格雷厄姆原则，同时介绍了与他合作的协议条款。戴维斯具有惊人的判断力和自信，他确信这个刚刚见面的年轻人不会让自己失望，最后他表示愿意投资10万美元。

他们的加入，意味着巴菲特的公司突破了只在亲友圈中投资的限制，毕竟道奇和戴维斯之前和他都没有任何交集，这让巴菲特的公司开始走上了更专业化、市场化的方向。

此后巴菲特的朋友圈子进一步扩大，这也意味着他的投资圈子扩大了。他先后认识了理查德、玛丽琳·霍兰夫妇、退休产科医师奥尔森夫妇等人，他们都对巴菲特给予充分的信任。作为初出茅庐的新人，能够吸引如此多的投资者，这不能仅用运气好来解释，关键还在于巴菲特对投资者的承诺：每个人每年都能拿回总投资的6%，同时还能享有投资总回报中的75%，剩下的25%则作为公司理财的收入。

巴菲特不仅懂得投资，也懂得维护圈子的持久性，每年他都要在家里举办宴会邀请这些投资者，席间他会向大家介绍这一年中如何用他们的钱进行投资。

不过，万事都有反例，巴菲特的邻居奇欧收入不菲，却对巴菲特一直怀有偏见，甚至在巴菲特拜访他以后仍然不打算投资，最后的结果就是巴菲特成为世界闻名的股神，而奇欧依然维持原样。后来他万分懊悔，如果当初听了巴菲特的建议，他今天拥有的财富足够买下一所高校了。

人脉就是一个双向选择的过程，对巴菲特来说，恩师格雷厄姆确实给他创造了一定的外部条件，但起到决定作用的还是巴菲特的个人能力。奇欧也是如此，他能和巴菲特成为邻居本就是运气，但他却没能利用好，结果比一般人更加受挫。

1960年，巴菲特和一个名叫威廉·安格尔的心脏病专家成为合伙人，巴菲特深知这样的人交际面很广，于是就不客气地问他能否找来10个愿意投资的医生，结果安格尔很快组织了一次聚会，拉过来一大批医生壮大了巴菲特的投资队伍。从这件事可以看出，此时的巴菲特已经没有了童年时期的拘谨和内向，只要他下定了决心，就会不遗余力地为自己创造条件，因为他只有越主动，成功的概率才越大。

巴菲特不仅在内力修为上有了显著提升，在外在形象上也有了突破，他不再是那个不拘小节的怪人形象，面对客户时，巴菲特总会特意保持着基金经理人的形象。他在大学时锻炼的演讲能力也让他敢于在众人面前侃侃而谈，这对于不了解他的人非常重要，他们被巴菲特的远见卓识所折服，纷纷加入他的合伙人公司。

1957年底，巴菲特已经掌握了50万美元的资金，就在当年，道琼斯指数下跌了8%，大批股民都赔了钱，但是巴菲特却赢得了10%的回报，成为股市中的"逆行者"。要知道，在巴菲特初创公司时，道琼斯指数达到了200点上下，当时霍华德认为这么高的数值已经很危险了，不让巴菲特在这个敏感阶段进入。但此时的巴菲特已经掌握了更超前的投资理论，他没有像父亲以为的那样购买热门股票，而是继续坚持寻找高价值低价格的股票，因此无论市场上的股评家们怎样预测，他都置之不理，他只相信经过自己分析得出的数据。

为了获得准确的判断，巴菲特经常扎进海量的资料和档案中进行研究，同时不放弃对他感兴趣的上市公司进行实地调查，只要找到潜力股就会毫不犹豫地买进，剩下的事情就是等待价格上涨。

1957年，巴菲特的公司盈利达到了31615.97美元，增长率高达10.4%，或许这一组数据放在今天看来并不惊人，然而1957年道琼斯工业指数暴跌了8.4%，巴菲特的公司无疑创造了逆势而动的奇迹。1959年，巴菲特的合伙人公司已经由创办时期的10万美元启动资金增加到了40万美元。

随着财富的积累和投资项目的成功，巴菲特声名鹊起。奥马哈一家保险公司的老板想要给巴菲特1万美元做投资，然而巴菲特觉得对方实在太抠门，根本不具备合伙人的资质便婉言拒绝了。由于社会声望提高，巴菲特的朋友圈实现了质量上的飞跃，他对投资者的要求自然也逐渐提高。与此同时，很多媒体也盯上了巴菲特，想要为他做独家新闻，让他向社会大众传授致富经。然而巴菲特不喜欢太过喧嚣，他更喜欢待在家中阅读和学习。

为了给公司争夺更多的合伙人，巴菲特会借用格雷厄姆的人脉去纽约寻找资本大咖，为了增强说服力他甚至还随身携带自家的纳税申报单，只要有人犹豫，他就会拿出申报单并告诉他们："难道你们不想也缴纳这么多的税吗？"随着投资业绩的不断积累，巴菲特公司里的合伙人相继追加投资，同时还有不少新的投资人进入。

尽管巴菲特的财富和声望同步增长，可他始终保持着低调和谨慎。他不知疲倦地阅读海量的资料，试图从价值低洼股中选取最理想的投资目标，一旦发现有哪家公司股价走低就会立即买进。巴菲特正如一台永不倦怠的投资分析机，他时刻都在工作，时刻都在创造业绩，他之所以如此全力以赴地工作，是因为他想通过循序渐进的成长，带领着他的公司和他的合伙人朝着财富的巅峰攀登。

4.像英雄一样赚钱：查理·芒格

后来巴菲特成立了一家新公司——巴菲特合伙人有限公司，随后将办公地点搬到了凯威特广场法纳姆大街的吉威特大厦810号。此时，一个叫查理·芒格的人走进了巴菲特的投资生涯。1959年是具有时代意义的一年，沃伦·巴菲特与查理·芒格第一次相识，这一年，芒格34岁，巴菲特29岁，两人在一个宴会上结识后一见如故。最初，两人只是互相分享好的投资机会，后来因为一些共同投资而展开了深度合作。

其实在早前，查理·芒格和巴菲特年少时曾一起在欧内斯特的杂货铺打过工，不过当时两人并没有什么交集，且对彼此没什么印象。后来芒格进入大学学习气象学专业，1948年，他以优异的成绩毕业于哈佛大学法学院，随后进入加州法院做律师，并开始投资证券。1959年，芒格关掉了父亲的律师事务所，回到了奥马哈，并与巴菲特再次重逢。

从20世纪60年代开始，芒格便经营着他的投资公司，他的公司同样也是一个合伙人公司。每天芒格都会在办公室后面的单人间工作，时不时还会喊秘书接通巴菲特的电话。

芒格相貌普通，但却才智超群，当有人问他会不会弹钢琴时，芒格说："我不知道会不会，因为从来没试过。"言语中既透出一种自信又充满几分狡黠，所以很多人都觉得他是一个有趣且清高的人，天然带着一股贵族范。正是这种区别于巴菲特的气质，让芒格的生活方式更加丰富。他讨厌单调的两点一线的生活，他喜欢走遍世界各地，喜欢钓鱼，还经常在加州俱乐部参加或举行各种聚会，他被巴菲特尊称为"西海岸的哲人"。

芒格是一个有强大洞察力和喜欢特立独行的人。他能够发现被别人忽视的真相，后来也影响了巴菲特的很多决策。和大多数人不同的是，芒格从来不会以崇拜的心态和巴菲特相处，这也恰恰吸引了巴菲特。巴菲特十分欣赏芒格的能力并把他当成知己，只愿意让芒格走近他并了解他，二者之间维系着一种共存共荣的关系。

在外人看来，巴菲特和芒格有很多相似之处，他们之间的友情也日益深厚。即便巴菲特出去度假，也会躺在地板上和芒格"煲电话粥"。巴菲特的儿子小霍华德曾经说过，如果爸爸是天下第二个聪明人，那么第一个聪明人就是——查理·芒格。

芒格的聪明之处在于，他更擅长怀疑并善于找到答案，无论是工作还是生活中，芒格对很多人都心存疑虑，因为他对待人生的基本态度就是不断地问为什么，这对于投资者而言是一个好的思维习惯。为此，芒格总是把数学家卡尔·雅各比的名言挂在嘴边："反过来想，一定要反过来想一想。"有一次，芒格参加一所中学的毕业典礼，他给学生们讲的不是什么样的品质创造什么样的人生，而是什么样的品质导致何种悲剧。正是这种充满怀疑论调的思维与个性，让巴菲特十分信赖他，每次收购活动时他都聘请芒格做律师，因为芒格总能提供给他法律援助之外的帮助。

1961年，巴菲特斥资100万美元投资了登普斯特尔机械制造厂。该厂长期处于销售停滞和效益下降的状态中，巴菲特早就观察过它，认为它属于"烟蒂型"投资目标，最后购买该厂70%的股票，成了控股股东。然而，该厂秩序混乱，只有进行翻新式的整改才能继续经营，这些恰恰是巴菲特最讨厌的。1962年的一天，巴菲特问芒格关于登普斯特尔机械制造厂该怎么办的问题，芒格为他介绍了一个名叫哈利·博特的年轻人。他对工厂进行了大刀阔斧的改革，关闭效益不好的厂房，结果就是规模缩小了，效益却提高了，还拥有了200万美元价值的证券。1963年，巴菲特卖掉了机械制造厂的股票，给他的合伙人公司创造了230万美元的收入，约合初始投资的300%。

如果没有芒格的推荐，巴菲特这一次投资很可能是失败而归，因为他在经营工厂方面并无经验，即便他愿意去掌握其中的技巧，也会消耗他大部分的精力，因此他在赚到利润之后就果断出手了，芒格自然功不可没。

1971年，巴菲特发现一个名叫蓝带印花公司的企业十分具有投资价值。他和芒格分别购买了这家公司的股票，巴菲特成为第一大股东，芒格屈居第二。事实上，蓝带印花公司属于保险公司，在经营体系和管理方面都不够规范，但是这家公司主营超市和加油站证券兑现业务，拥有大量的购物券，可以作为浮存金，估值在6000万美元上下。在巴菲特的主导下，他和芒格进入原始资本基金的董事会。但是，董事会秩序混乱，不便于管理，这时芒格发挥了重要作用，他用那种惯有的冷静对自己看不惯的地方统统进行了改革，其力度远超巴菲特的预计。

有一次，芒格在审查公司的投资组合之后，认为这里有很多高风险的股票，是巨大的隐患，于是马上告诉投资经理，除了A级股票，其他的一个不留。正是芒格这种看似更"凶狠"的行事风格，或多或少弥补了巴菲特的温文尔雅，成为优化他决策的必要辅助手段。

芒格大多数时候比较低调，这也注定了很多人知道巴菲特却不知道他，他也就被调侃成为"巴菲特背后的那个男人"。对比之下，芒格比巴菲特的人生经历更加凄惨，他30岁的时候与妻子离婚，随后9岁的儿子因为白血病去世，此时的他负债累累。他之所以最终能积累众多财富，原因是他有着一套清醒而独特的投资理念。

他认为任何时候都要专注于眼前的事情。在芒格还是一名律师的时候，收入并不高，但他能够认真对待每一个案子，对每一个客户负责，这为他赢得了良好的口碑。后来，一位客户认为芒格人品不错，就找他一起合作房地产投资生意，结果用了不到3年的时间，芒格就赚到了人生中的第一个100万。

从这段经历可以看出，当你想要绞尽脑汁赚钱时，与其思考赚钱的路子不如先做好手头的工作，因为获取财富的道路并非只有一条。如果芒格像巴菲特那样直接扎进投资界，也许结果未必美好，不如把眼前的事做好，机会总是有的。

芒格像巴菲特一样喜欢阅读，他们都是行走的读书机器。后来芒格在他撰写的《穷查理宝典》中提到了一个有关"思维模型"的概念，讲的是他和巴菲特都在长期的阅读中掌握了多种思维模型，所以分析问题时会更加全面，就好像一位厨师对每一道菜都掌握了煎炒烹炸等多种做法，那就能在不同的场合和需求下做出最适合的菜肴。

想要避免失误，单靠经验是很危险的，因为经验的获取往往需要巨大的代价，特别是在投资领域，一个致命的决策可能终生难以翻盘，所以最好的办法就是用思维模型控制变量，做出正确的判断。正如巴菲特所说："股市总有盈亏，但是读书却是稳赚不赔的投资。"

查理·芒格不仅是一位投资家，也是一位思想家，他在投资学、逻辑学以及哲学方面都颇有建树，巴菲特曾经这样评价芒格："我对他的感恩难以言表，查理让我以很快的速度从猩猩演变成人类，没有查理，我会穷许多。"

5. 资产飙升与恐钱综合征

从1957年到1961年，道琼斯指数增长了不到75%，巴菲特的投资组合收益增长了250%。奥马哈的很多人都称巴菲特为投资奇才。然而，财富的增长并没有给巴菲特直接带来乐趣，他反而感到忧心忡忡。他的合伙人公司平均每年的资金回收率都高达20%以上，特别是在1964年，公司的总管理资金达到了1745万美元，而到了1969年，公司的资产飙升到了1.0443亿美元，很多人由此记住了这家正在崛起的投资公司，更记住了巴菲特这个传奇的名字。

巴菲特一生都在拼命地赚钱，可他为何又对财富的增长充满恐惧呢？或许，这是因为巴菲特比任何人都了解金钱的力量——它可以带领人们改变世界，也可以反噬人的内心摧毁世界。金钱本身并无善恶之分，全看掌握在谁的手中。所以，巴菲特一面把追逐金钱视为人生成就感的重要获得渠道，另一面也在担忧财富的积累会不会埋下一颗"定时炸弹"。

对金钱的恐惧，也让巴菲特排斥纸醉金迷的物质生活。虽然他成了富豪，却依旧保持着朴素节俭的生活作风。他喜欢穿灰色的西服，日常的娱乐活动仅仅是观看内布拉斯加大学的橄榄球比赛。对他来说，除了赚钱之外，再没有什么事情能够让他有太多的兴趣，即便是在他身家百万之后，也只是增添了几个房间和一个壁球场。简而言之，巴菲特是一个不懂得享受生活的人，似乎从来不知道如何用赚来的钱补充他的物质生活，这一点他和格雷厄姆倒是有几分相像。当时巴菲特的座驾是一辆开了多年的大众汽车，本来打算开一辈子，后来他去机场接人时才觉得有点寒酸，这才决定换一辆。

第一次见到巴菲特的人，很难想象站在自己面前的是一位富豪，因为他的外表实在是不修边幅，乱糟糟的头发和满是褶皱的衣服，让人感觉他更像是一个混迹实验室的科学怪人。即使穿上西服系上领带，巴菲特的风格也是非常土气的，外套和领带的颜色也总是不搭调。如果他穿的是休闲装，那一定是一件不合身的T恤衫，上面还印有证券交易委员会的标识语。而且，巴菲特几乎从来不梳理头发，不认识他的人很容易把他当成一个小公司的职员，绝不会想到他是投资界的大鳄。

巴菲特的好友这样评价他："如果他和别人一起走进来，除非他的头上有着五彩缤纷的光环，否则人们绝不会想到迎面走来的竟然是大名鼎鼎的巴菲特。"

尽管巴菲特的不修边幅是他个性的体现，不过时间久了总会让他身边的人难以接受。巴菲特的妻子苏珊，有时候实在无法忍受丈夫穿着皱巴巴的衣服在她眼前走来走去，因此经常会在逛街的时候为他购买新衣服。一次苏珊为巴菲特买了两件运动夹克，然而当巴菲特看到这些衣服时，假意说他已经有了一件运动夹克和驼绒夹克，让苏珊退掉，苏珊只好照办。后来家人终于发现，除非衣服破到无法穿的地步，否则巴菲特绝不会添置新衣服。

在外人看来，巴菲特只知道赚钱而不懂得享乐的行为是难以理解的，人们总是以世俗的眼光和思维去揣摩他。有一次，巴菲特与奥马哈一家数据文件公司的副总裁霍德同行，对方十分好奇地问他："成为一名百万富翁后的感觉如何？是不是想要什么就买什么？"接着霍德就列举了珠宝、豪车、别墅以及名画等东西，结果巴菲特一脸茫然地表示，他对这些统统不感兴趣，他最想做的事就是坐在凯威特广场的办公室里工作。

对巴菲特来说，真正的爱好就是赚钱，在他眼中，每一美分都可能变成翻倍的资金，所以每花掉一美元、一美分都会让他怅然若失。身为一个富豪，他竟然连人身保险都不想购买，在他看来自己比保险公司更会赚钱，但是他的合伙人却担心万一巴菲特某天出了意外，他们的投资会泡汤，于是强烈要求巴菲特买一份受益人为合伙人的保险。

有一次，格雷厄姆·纽曼公司的一位老同事汤姆·克纳普来到奥马哈，邀请巴菲特一起去听格雷厄姆的讲座。两个人在路上谈到了一件事——美国邮政正在将4分面值的总集印花退出流通领域。原本只是一次闲聊，但巴菲特却从中发现了商机，在他们继续赶路时，巴菲特只要遇到邮局就停下来购买总集印花中的蓝鹰印花，花费了12000美元。

巴菲特之所以保持如此高的敏感度，是因为他坚信在投资界必须视角开阔，凡是可以投资的东西都是生财之道，只要意识清醒就马上付诸行动。其实对巴菲特来说，成就感只是数字的增加而非物质的占有，他最关心的永远是如何让财富增长而非如何消耗财富。

有一次，巴菲特一家去加利福尼亚州的赫斯特城堡度假，在路上导游向他们介绍城堡里昂贵的地毯、窗帘和古董的时候，巴菲特却显得极不耐烦。当一个人把目标定为赚钱时，往往会求之不得，因为金钱产生的诱惑力会影响其判断，但巴菲特从来不把钱当成钱，他只是在用科学的方法去增加一串数字，所以他才能始终保持理性状态。

巴菲特和金钱存在着一种微妙的关系，他对金钱非常痴迷，但又舍不得乱花每一分钱。或许在巴菲特眼中，金钱就是神圣不可亵渎的，任何消费都是一种罪孽，甚至连节食也是在节约金钱。有一次，巴菲特拿出一张1万美元的支票与女儿打赌，称只要他体重增加就把支票给她，可是女儿无论如何也没法将父亲拽进麦当劳吃高热量的食物，因为巴菲特实在心疼那1万美元。

伯克希尔·哈撒韦公司的前身是一家濒临倒闭的纺织公司，巴菲特在1964年最终获得其全部控制权，后改变了它的经营业务，涉及保险业、糖果业、媒体、金融投资等。另外值得注意的是，这家公司的总部只有区区26人，包括巴菲特和查理·芒格，CFO马克哈姆·伯格，助手兼秘书格拉迪丝在·凯瑟，投资助理比尔在·斯科特，还有两名秘书、一名接待员、三名会计师、一个股票经纪人、一个财务主管以及保险经理。巴菲特本人曾说："我在这座大楼里办公已经有50年了，非常喜爱这座大楼和大楼的业主，他们特别给我优惠的租金。我在这里非常开心。"巴菲特自己的办公室也只有16平方米，且没有一台电脑。

2006年，伯克希尔·哈撒韦的A股股价上涨23%，标普500指数成分股股价仅仅达到了9%的平均涨幅。当年10月23日，伯克希尔·哈撒韦成为全美股市第一家股价达到了1万美元的公司。这对于巴菲特来说是一个历史性的时刻，但是他的财富增长并没有就此结束，截至2021年8月4日（美国东部时间），伯克希尔·哈撒韦A类股股票的价格为419962.105美元一股，成为绝大多数投资者无法企及的投资目标。

虽然财富继续飙升，但是巴菲特对钱越来越"恐惧"，准确地说，是对金钱越来越"无感"。2010年，比尔·盖茨夫妇和巴菲特共同发起"捐赠誓言"计划，旨在促成全球的富豪加入慈善捐赠的队伍，把自己绝大部分的财富用于慈善事业。据不完全统计，巴菲特从2006年开始就已经累计捐款300多亿美元。

巴菲特认为，追求物质是一种必要，如果在追逐的过程中迷失了自我，就会成为物质的奴隶。所以他多次表示，不会把财产留给子女，最多留给他们1%的财产，如果超过这一比例并不能让他们更快乐和幸福，而将剩余的99%的财产给其他人，或许会带来更大的福祉。从这个角度看，当一个人能够对金钱产生恐惧时，才是真正认识了财富的奥妙。

第

二

章

价值投资：解析巴菲特核心投资之道

1. 没有安全底线的股民只能被"坑"

对于投资者来说，始终会关注两个问题：一是我可以赚多少，二是我可能赔多少。前一个问题通常不会影响投资者的信心，但是后一个问题却决定了投资者的生死大局。如何让自己在投资中确保一定的安全系数，是投资者最应该关注的问题。

1976年，芒格出任蓝筹票据公司总裁。该公司从1972年就开始买入韦斯科金融公司的股票，本来巴菲特计划在1973年就将该公司和蓝筹票据合并，却又认为不是最佳时机，结果正是这个延后操作导致该公司股价大跌。为了挽回局面，巴菲特和芒格借助蓝筹票据公司的名义持续6个星期以每股17美元的价格买入，而这个操作遭到了美国证券交易委员会的调查，巴菲特为此赔偿韦斯科金融公司股东11.5万美元。

即使面对如此大的麻烦，巴菲特也始终不肯放弃韦斯科金融公司。因为他认为这家公司一旦被收购改造后，其安全性和稳定性会保证收入源源不断。后来的事实证明，韦斯科金融在放弃高度管制的储蓄和贷款业以后加入了伯克希尔公司的保险业务，获得了丰厚的利润，股权结构也更加稳定。正如芒格所说："只有高质量的业务和股票才经得起时间考验。"

投资市场上，安全边际永远是成功投资的基石。那么，什么是"安全边际"呢？安全边际是价值投资的核心，是投资者通过估算公司内在价值并比较其与股票价格的差异，当内在价值和股票价格间的差价达到某一程度时就可以出手投资该股票。简单说，安全边际是投资安全的保证。

安全边际原则存在的意义是，它能够从两个方面指导投资：一方面是缓冲可能出现的价格风险，为自己提高容错率，另一个是获得相对较高的收益报酬率。巴菲特曾经这样描述安全边际："安全边际意味着不要试图在一座限重10000磅的桥上驾驶一辆9800磅的卡车。取而代之应是再往前走一走，寻找一座限重15000磅的桥去驶过。"

韦斯科金融对巴菲特来说，就是在安全边际内的首选目标之一，它被称作"迷你版的伯克希尔"，可见其内在价值很高，发展潜力也十分惊人。1972年，当时韦斯科金融的市值还不到3000万美元，只相当于公司净资产价值的一半。在巴菲特看来此时出手风险最小，即便他预测失误也能承受得起，所以他和芒格果断地以200万美元的价格购买了其8%的股份。

"安全边际"并非巴菲特首创，他的老师格雷厄姆早有研究。格雷厄姆认为，投资者应该在愿意付出的股价和股票实际价值之间留出一个较大的差价，就像是驾驶汽车时需要保持安全距离一样，即便有前车或者后车主动接近自己，也能减少碰撞的伤害。所以格雷厄姆始终认定，如果一家企业的基本面变化不大，那么投资者就不能盲目迷信行情，不要因为指数下跌而对某一只股票产生错误的评估。后来，格雷厄姆对巴菲特讲了两个重要的投资原则：第一，永远不要亏损；第二，永远不要忘记第一条。

因为格雷厄姆亲身经历过经济大萧条，所以他对"赔本"和"亏损"非常敏感，他对"安全边际"也比其他人研究得更为透彻，因为这是刻在他记忆深处的一种恐惧。当然，这并不代表巴菲特无法深刻理解"安全边际"的意义，事实上，由于巴菲特比老师更看重获取利润，他对安全边际研究得更为透彻，原因很简单——成功投资的秘诀就是找到"安全边际"。

虽然安全边际的理论看似容易理解，但在实际的投资活动中，很多股民并没有意识到保持"安全距离"的重要性，他们看到更多的是牛市的上涨和熊市的低迷，或者是某股票专家的"金玉良言"。这导致他们逐渐忘记了遵守安全底线，长期处于投资的风险中。为了避免和减少这种风险，必须通过安全边际规避两个难题：第一，对股价波动的预测；第二，对公司价值的预测。因为绝大多数投资者自身能力有限，他们进入股市后最保险的策略就是找出一个可以承受的安全范围，就像格雷厄姆说的那样："60年来，我发现从来没有人能够成功地预测股市的变化。"即使是华尔街的股票分析师，在预测公司收益方面的失误率也高达60%以上。

既然专业人士都无法准确预测股市，那么普通股民既不能迷信所谓的股票分析大师，也不能依靠自己的主观判断，而安全边际就是他们的护身符，只要根据安全边际进行价值投资，才能确保收益更高、风险更低。

现在问题来了：如何通过安全边际找到投资的目标呢？想要合理地运用安全边际原则，要具备足够的耐心，耐心地等待机会的来临。比如某公司暂时遇到了困难或者整个市场出现了短暂的低迷，让优秀公司的股票被过度低估，这是一个需要耐心等待的过程。

巴菲特有着超乎常人的耐性，他关注迪士尼公司30多年，关注可口可乐公司50多年，最后终于抓住不易被人发现的投资良机。经过多年的关注，让巴菲特能够明辨"真假"，专门购买那些不被人看好的股票。

除了必要的耐心之外，还需要有准确的判断——如何确定股票价格是否具有安全边际。想要做到这点，一方面要坚守你相信并充分了解的企业，掌握它们的核心特征。如果你担心自己吃不透，那就尽量选择业务简单、发展稳定的企业，最好放弃业务复杂又身处动荡行业的企业。另一方面，要在买入价格上保留安全边际。假设计算出一只普通股票的价值略高于它的价格，那就不要轻易去碰它，因为再小的泡沫爆破以后也可能让你血亏。

很多股民的认知错误在于，他们过分相信自己购买股票的时机是最合理的，或者认为自己的眼界超出常人，喜欢抱有侥幸的心理，但实际上他们没有客观证据的支持，而巴菲特则是通过收集新闻、阅读财报、实地考察等多种手段去了解一只股票的内在价值。

当然，有人认为内在价值并不容易判断，否则人人都是巴菲特了，这就是把股票市场的行情变化和该公司在行业中的表现混为一谈了。股价的确会涨落不定，但很多公司的内在价值是相对稳定的，你要学会排除那些看似"不稳定"的因素，譬如暂时陷入的舆论危机——可以致命也可以化解，再譬如临时性的高层调动——可以让公司走下坡路，也可以带其走上正途。总之，你既不能被表象蒙蔽，也不要草率下定结论。对于投资者来说，如果购买一家优秀公司的股票时花费高昂的价格，将抵销这家绩优企业未来10年创造的价值，所以巴菲特才不无感慨地表示——价格是你付出的，价值是你得到的。

任何一个投资者都难以避免股市周期处于低谷所带来的损失，但是巴菲特的价值投资能够将损失降到最低，而安全边际原则就是这道保险。只要亏损最小化，投资者就能获得跑赢大盘的报酬率。

2. 凭什么定价：价值投资的诀窍

如果有一天你赚到了钱，想要收购一家公司的部分股权时，你认为多少才合适呢？或许有人认为这个假设和普通人没有关系，毕竟它的投资太大，承受不起，其实我们探讨的是一种投资逻辑，哪怕你购买的仅仅是一只价格低廉的股票，这个问题也依然存在。

对于这个问题，巴菲特的看法是，多少钱买合适，其实很难决定，如果这家公司的确定性不高，他不会购买；如果确定性很高，而价格通常也不便宜，无法实现高回报率。言外之意，他依然不会买。其实，巴菲特这段话真正想表达的内容就是，确定投资对象的内在价值。

为什么有的股票价格高，而有的股票价格低呢？价格固然是由市场决定的，内在价值由股票代表的公司决定，但是当我们准备出手时，如何敲定一只股票最合理的价格呢？这就涉及估值的问题。

在格雷厄姆的《投资价值理论》一书中提出了一个价值计算的数学公式，用文字来描述就是，任何股票、债券或公司的价值，取决于在资产的整个剩余使用寿命期间，能够预期产生的，以适当的利率贴现的现金流入和流出。

这段描述听起来十分难懂，但巴菲特有着更为简单有效的估值方法，那就是像估算债券一样去估算股票价值。当然，债券和股票并不完全一样，股票的利润每年都会变动，而债券的利息每年是固定的，所以为了方便估值，就要首先排除那些盈利非常不稳定且难以预测的公司，因为这类企业是无法通过一个公式或者一套逻辑来预测的，所以为了避免麻烦，投资者尽量要选择那种可以"估算"的企业。

那么，什么样的企业具备估算的资质呢？通常具有三个特点：一是业务简单，二是持续赢利，三是保持竞争优势。

巴菲特之所以提出这么多标准，是为了寻找最为可靠的估算方式，他说过："尽管用来评估股票价值的公式并不复杂，但分析师，即使是经验丰富且聪明智慧的分析师在估计未来现金流时也很容易出错。"

巴菲特推荐的这个估值方法，是利用现金流量进行评估的，也被叫作"现金流量贴现模型"。巴菲特认为它是最严密也是最完善的估值模型，因为它是在对构成公司价值业务的各个组成部分创造的价值来评估的，能够让投资者全面了解公司价值的来源以及每项业务的状况，可以处理大多数复杂情况，计算也相对简单。这里涉及"贴现"这个概念，它是指付款人开具并经承兑人承兑的未到期的商业承兑汇票或银行承兑汇票背书后转让给受让人，再由受让人向银行等金融机构提出申请将票据变现，银行等金融机构按票面金额扣去自贴现日至汇票到期日的利息，将剩余金额支付给收款人。简单解释就是，将未来的钱换算成现在的钱。打个比方，你手头有一张100元的一年期票据，贴现率是3%，那么你现在想要现金，银行就只会给你97元，因为要扣除3元钱的利率。这就涉及一个问题：贴现率到底是多少才合适呢？巴菲特解释说，应该以美国长期的国债利率为准。

之所以有这个回答，是因为巴菲特将一切股票投资都放于债券收益的相互关系中看待，所以他从来不会浪费精力去计算每个企业的贴现率，因为它们本身就是动态的。只要该企业没有任何商业风险，其未来的盈利就是可以预测的。比如可口可乐的股票就和政府债券一样风险很小，因此巴菲特才会用政府债券去代换。

基于上述原则，巴菲特在实操中一直用一套固定的标准去选择可以被估值的公司，通过排除法避免了高风险的、未知的投资对象，也符合安全边际原则，这是一种简单实用又准确可靠的投资秘诀。

关于股票估值有很多方法，但巴菲特的估值方法是独树一帜的，他以投资收益率指标衡量企业的投资价值。在他看来，如果一个上市公司具有很强的成长性和获利性，这只能代表其自身价值，而一旦买进并长期持有，如果不能依靠该企业的获利带来投资收益，就不是一个具有投资价值的股票。简单解释，巴菲特用企业投资收益率来替代选股的回报率，更加直观地阐述一个道理：买股票可以理解为长期存款，多存一年就获取更多的利息，如果持有时间和获利不成正相关，那为什么不直接存活期呢？当然，这并不是说炒股都要握在手里十几年，而是要能感受到"持续增加利息"，这才符合长期存款的基本特点。

如果你还是没有理解巴菲特的估值逻辑，可以通过一个典型案例去参悟。

1972年，巴菲特花费2500万美元收购了喜诗糖果。当时喜诗每年的销量是1600万磅糖果，每磅售价为1.95美元，每磅利润是0.25美元，税前利润是400万美元。为什么巴菲特要收购它呢？因为他和芒格都看重这家公司的定价权，也就是可以不用顾及消费者的反应直接从原来的1.95美元的单盒售价提高到2美元以上，这样就能多赚几百万美元。

通过涨价来提高利润，巴菲特做出这个决定是经过考察的。他经过调查发现，喜诗在加州拥有独特的心理认同感，比如小伙子送给心仪的女孩一盒喜诗，就可能得到女孩的一枚香吻，这就是它不可替代的价值："喜诗=亲吻"。于是巴菲特在1972年购买喜诗之后，每年都会在圣诞节的第二天提价，那时正是人们要赠送亲友的时间段，因为盒装糖果很少有人自己吃。更有意思的是，巴菲特会把有关喜诗的广告投放在情人节当天，很多男人听了以后觉得不送给爱人或者女友喜诗糖果实在对不起她们，因此都会争先恐后地买上一盒。

这个案例到底说明了什么呢？喜诗具有长期存款的持续回报性，因为圣诞节是持续的，人们对喜诗的良好印象是持续的，糖果作为食品的消耗是持续的，男人和女人的两性吸引是持续的，所以喜诗也持续拥有提价的潜力。而且随着时间的推移，它在人们心目中的地位会不断被巩固，因为没有谁会在重要节日送别人一盒杂牌糖果。

从现金流的角度看，喜诗糖果是具备消费垄断特征属性的公司，能够在节假日获得剧增的销量，具有高销售净利率、高净资产收益率以及高经营性现金流净额，完全符合现金流量贴现模型。难怪喜诗被称为"巴菲特的现金奶牛"，这说明2500万美元买下它是绝对正确的投资。

股票估值，本质上是计算其"内在价值"。在巴菲特看来，如果他能够计算出某个行业在未来100年内的现金流并且以一个合适的利率折现回现在，就能得出一个相对精确的内在价值。当然，这个计算模型很难实现，所以巴菲特更关注的是投资对象的资产是什么用途。是扩大产能还是招聘精英，是用于自我营销还是和对手竞争，这些用途都会影响其内在价值，而最直接的体现就是现金流的多少。从普通投资者的角度看，应该多关注一个企业如何对待手中的资金，因为投资者需要赚的就是现金而非获得某个厂房。如果因为铺张浪费的营销导致现金流减少，这样的企业就违背了巴菲特的现金流量贴现模型，就可能失去投资的价值。

收购企业如此，购买股票也是如此，每个投资者都可以通过观察该企业的行为去揣摩其现金流情况。当然这注定存在某种信息不对称，而投资者要做的就是尽可能地掌握最客观的信息并保持最客观的视角。比如喜诗糖果，只要你随机询问几个人，了解它在大家心目中的重要地位，就能看清其内在价值的轮廓。

股票凭什么定价？凭的是背后企业在行业、市场和客户心目中的定位和评价。所以你应该努力寻找一个你心目中的如同"喜诗"一般的企业，从而获得源源不断的现金回报。

3. 别人恐惧时你要大胆

巴菲特有一句经典名言："当别人越恐惧，你要越贪婪；当别人越贪婪，你要越恐惧。"这句话理解起来并不难，那就是当所有人都贪婪时，股票价格通常会上升，这时反而应该小心谨慎，避免购买到估值过高的资产导致回报乏力。同样，当别人对市场产生恐惧时，恰恰是一个绝佳的投资机会，因为会有一些高价值的企业被低估了。

从心理学的角度看，投资学是反常规思维的，因为人作为一种社会性动物，很多时候都是希望即时得到满足的，到手的100元永远比承诺的200元更让人拥有幸福感。根据进化心理学的理论，人类天然具备厌恶损失的心理机制，也就是你丢失100元的痛苦和捡到100元的喜悦是不对等的，也就是说只有捡到更多的钱才能让心理平衡。因此在股市上，追高逃跌是一种无法避免的天性。

巴菲特的这个投资观点意味着要赚钱必须先用反常规思维，而反人性依靠的是人的理性思维，它需要建立在批判思维的基础上，而这是一个需要长期训练和实践的结果。事实上，巴菲特的这句话是经历过现实验证的。

20世纪60年代的美国股市是一台金融疯狂表演秀，很像经济大萧条前的美国股票市场，不少人都在为股票的疯狂上涨而欢欣鼓舞。而当时的巴菲特却认为这背后似乎隐藏着危机，于是他对身边的人说："从现在的市场看，所有股票的价值都被严重高估了，我已经无法决定还有哪只股票值得一买……"当时的巴菲特手里掌握大量资金，却不认为应该购买股票，而是去做了证券投资之外的事情。1967年，巴菲特斥资1500万美元购买了科恩公司和霍赫希尔德公司，前者是联合棉花店，后者是百货商店。在巴菲特看来，股票繁荣时期介入实体是划算的。然而当时的投资者们却对实业毫无兴趣。

60年代正值越南战争期间，这场战争不仅没有拉低股价，反而还推动了美国股市的增长。很多人都觉得巴菲特这一次是保守了，然而几乎很少有人能意识到，这场战争对美国政府而言是弊远大于利。因为他们高估了迅速战胜越南的可能，结果随着战事的不断升级只能抽调更多的兵力投入越南战争中，逐渐陷入泥潭中无法自拔。巴菲特在研究时局之后，更加坚定了以"恐惧"的心态面对股市。终于，从1966年开始股市出现波动。这期间，虽有反复，但是到了1970年的时候噩梦彻底降临，纽约证券交易所每一只股票都比上一年缩水了一半以上，曾经被视作牛市宠儿的四季护理中心股票从每股91美元下跌到32美元，电子数据系统公司股票的价格在一天内就狂跌50%。

价格是你付出的代价，价值是你所得到的回报。在巴菲特看来，如果投资者付出过高的价格，回报必定会减少。具体阐述就是，股票的价值生产取决于它将产生的利润总额和业务寿命，而这个价值是通过所有未来现金流折现的现有价值决定的，这就是企业的内在价值。当投资者付出了过高的价格时，那么随着股票逐渐回归内在价值，产生的回报必定也会遭到侵蚀。

根据上述理论，只有在别人恐惧时表现得更贪婪，才有可能在适当的环境下获得更高的回报，反之则亦然。当然这并非一个可以教条式操作的法则，投资者"贪婪"的目标要具有一定的可预测性，也就是说价格短期下调并不会影响企业的"护城河"。

"护城河"从字面意义上讲，是针对敌人进攻时依靠河水修建的防御工事，而如果把视角切换到一家公司，包括并不限于以下四个要点。

第一，具有垄断属性。巴菲特向来看好垄断型企业，比如喜诗糖果，这类企业在行业中的竞争力是难以匹敌的，因为它具备了规模优势、价格优势以及定价优势，能够通过垄断获得更高、更持久的利润增长。

第二，属于特许经营。这一点和垄断类似，意味着该企业天然排除了竞争者，这类企业的市场份额和用户群体自然相对稳定。

第三，带有品牌优势。巴菲特之所以几十年关注可口可乐，就是因为它经过几代经营者的努力建立了品牌优势，这绝非简单追加资金就能赶超的，因为这是长期积累和沉淀的结果。

第四，用户忠诚度。高忠诚度往往代表着具有口碑优势，这是企业长期发展的动力源泉，也在客观上遏制了竞争对手的发展。

有了护城河理论的加持，在别人恐惧时贪婪就有了理论依据，这成为逆向投资策略（就是和大多数人背道而驰的投资）的重要保障。其实从某个角度看，这种投资思路也是"捡烟蒂"的翻版：当别人不重视某个投资目标时，如果你出手了，往往能获得更高的回报率。

逆向投资真正开启了巴菲特的投资生涯，他由此发现了一大批具有持久竞争性的企业。这些企业往往都陷入过一个低谷期，而巴菲特就是在这个阶段果断出手，抓住了几次千载难逢的机会。

有关逆向投资，不少人陷入误区，把毫无内在价值的垃圾股当成了潜力股，这样就背离了巴菲特阐述这一理论的初衷。巴菲特之所以强调"恐惧"和"贪婪"，核心精神是提醒投资者在任何时候都要保持冷静和理性，把思考的重点聚焦在股票的内在价值上，这才是价值投资的行为实践。而不是无脑地标新立异、剑走偏锋，这种"出奇制胜"的思维毫无科学性。

"恐惧"和"贪婪"之所以会交织在一起，其实也客观印证了一条真理：从长期来看，股市终究会好转。20世纪初经济大萧条时，道琼斯指数一度跌到历史最低点——41点，但是在1933年股市还是上涨了30%；20世纪80年代初，通货膨胀加剧、经济急速下滑，很多投资者都收紧了口袋，然而事后证明，当时是最适合购买股票的时机。如果当时人们能够理性地认识到美国政府有能力调控经济时，就能以很低的代价去搏一搏股市的春天。毕竟经历了多次金融衰退、石油危机以及战争等重大变故，道琼斯指数最终还是指数级地上涨。因此所谓的"恐惧"和"贪婪"从理性上是统一的，它们都认识到了股市始终都在朝着正常状态发展，疯狂只是途中短暂的迷失而已。

巴菲特的逆向投资观点容易理解，但实践起来却十分困难。从这个角度看，与其先学会投资学，不如先放平投资的心态，然后拿出与人性对抗的勇气，才有可能赚到"真金白银"。

4. 怕什么？通货膨胀也照样赚钱

一提到通货膨胀，很多人的第一反应是，手里的积蓄越来越不值钱了。紧接着就会联想到经济危机、物资短缺等等。而通货膨胀也的确是经济生活中客观存在的，尤其是对于一个投资者而言，意味着经济形势不好。但是在巴菲特看来，通货膨胀不过是在选股时多了一个参考的因素而已，并不能直接用于判断股市行情的好坏。

巴菲特的人生态度是，做任何事情都要有自信，股票投资也是如此。对他而言，经济环境只是外界因素，真正决定是否要购买一只股票关键还是其内在价值，只要确定价值高于价格，就有购买的理由。

1974年美国遭遇了通货膨胀，膨胀率高达11%，经济呈现出一种新的病态形式，这是在1929年经济大萧条时期也没有出现的症状，所以经济学家用"滞胀"来描述当时的情况：通货膨胀外加经济衰退。但政府却没有果断出手解决"滞胀"问题，因为担心会导致其他新症状的出现，更何况当时整个资本主义世界都处于衰退期，也就没有过于惊慌。

1974年7月，道琼斯指数下探到757点，在9月直降到607点，整个美国的工业企业市值缩水了40%。当时巴菲特对通货膨胀的状况很担忧，但是这并不意味着他放弃了证券投资，相反，他认为在这种特殊的经济环境下依然存在着有潜力的股票。在他看来，通货膨胀并不是一个单纯的经济现象，并不能简单理解为"钞票不断印刷导致通胀率增加"，此外还受到财政赤字和贸易逆差等因素的影响，而通胀一旦出现，就可能影响企业的收益水平。

看到这里，大家可能会认为巴菲特也应当对通货膨胀产生恐惧，其实不然，"影响企业收益水平"对企业是负面的，但对投资者来说至少是中性的，因为这可能导致该企业在某段时间内股票价格下跌，而这恰恰是果断出手的好机会，因此巴菲特才会说："市场波动是你的朋友。"

那么，这个"好朋友"给巴菲特带来了哪些好处呢？

正是在20世纪70年代，巴菲特瞄准时机重新入场，购入了大量廉价股票，毫不在意别人的劝阻——他们认为企业的财富因为通胀而缩水了，但巴菲特眼里只有"内在价值"。1973年，巴菲特开始偷偷地在股票市场上蚕食《波士顿环球》和《华盛顿邮报》的股份。原来经过多年的关注和分析，巴菲特发现报刊业如同一座收费桥梁，任何过客都需要留下"过路费"，毕竟在纸媒时代报纸的宣传和营销功能是强大的，而《华盛顿邮报》也因为巴菲特的介入，很快获得了每年35%的利润增长。这成为双赢的经典案例。仅仅过了10年，巴菲特在《华盛顿邮报》投入的1000万美元就增值成了两个亿。

芒格曾说："如果你担心通货膨胀，最好的预防手段之一就是在你的生活中别拥有大量愚蠢的需求。"这个"愚蠢的需求"是指多余的物质商品。或许从另外的角度看，芒格是在规劝投资者在通货膨胀时多持有资金，并准备随时出手。

站在大众的视角来看，通货膨胀意味着货币贬值，恰恰不应该大量持有，反而不如囤积商品，但这完全是站在微观经济学的视角来看的；站在宏观视角，社会经济的基本运行依然需要源源不断的资金来支持，只不过它们本身缩水了而已。巴菲特一直强调应对通货膨胀的方法——培养自己赚钱的能力，只要不断强化这个本领，就一定能从经济这块蛋糕中分到一块。如此看来，巴菲特和芒格都很看重持有货币的意义。

实际上，在传统的金融界中长期流行一个观点：股票是和通货膨胀相对冲的工具。这是因为很多投资者认为，企业为了保护股东的利益会把通胀的代价转移给消费者，然而巴菲特并不赞同这个观点，他认为通胀很难保证企业获得更高的净资产收益率。那么，什么可以和通胀进行对冲呢？巴菲特给出的答案是掌握一家优秀的公司。

所谓优秀的公司，通常是指那些对资本要求较低的公司，比如可口可乐，它不需要投入过多的资本就能达到预期的收益，因为它的体量、口碑、占有率以及品牌价值等都是近乎无敌的，只有符合这类特点的企业才能真正对冲通货膨胀。

1972年巴菲特收购喜诗糖果时，这家公司仅靠800万美元的净资产就能获得每年200万美元的盈余；而在2007年喜诗糖果的销售额就达到了3.83亿美元，净利润平均增速为9%（1972年到2007年）。如果巴菲特收购的不是喜诗而是一家普通的糖果公司，它如果想要达到每年200万美元的盈余就需要依靠1800万的净资产。因此，巴菲特只要投入3100万美元，就可以获得10倍以上的利润。为何喜诗糖果会有如此高的利润呢？因为这样的企业，库存周转快、无须应收账款、投资量较低，这些都是正面对抗通货膨胀的有力工具。因此，巴菲特才在滞胀时期花2500万美元收购了这家企业。那么问题来了，当时喜诗糖果的净资产按理说不应该超过1800万美元，那么巴菲特这么做不是等于当了冤大头吗？

不要忘记，巴菲特是在通货膨胀时期收购的，假设物价上涨一倍，喜诗要想维持原来的获利能力，在销量不变的前提下，只要将价格提高一倍就能做到，但是喜诗的净资产只有800万美元，这意味着巴菲特只要再投入800万美元用来应对通货膨胀就可以了，而如果换成是一家普通的糖果公司，就是在1800万的基础上翻倍。

正是有了收购喜诗的这个经典案例，才有了巴菲特的一段名言："对于部分拥有无形资产多于有形资产的企业来说，一旦通货膨胀发生，便会积累出让人吃惊的财富。对于这类公司来说，商誉的获利能力大大增加了，然后再动用盈余进行大举并购……在通货膨胀来临的年代，商誉就像是天上掉下来的大礼物一样。"

前面我们介绍过，喜诗糖果的口碑、客户忠诚度等因素就是无形资产，这让它在面对通胀时抗风险能力更强，而商誉就是在同等条件下，企业能获得高于正常投资报酬率所形成的价值，所以巴菲特才不惜重金收购它。

当然，我们不该产生误解的是，巴菲特并不是把通货膨胀当成是股票投资的有利时机，其实在他看来，通胀还是会伤害到企业的根本利益，而且越是需要大量固定资产支出的企业受到的伤害就越大。巴菲特只是告诉投资者，即使是处于通胀的恶性经济环境中，依然有选出潜力股的机会，但要想让这些潜力股提供可观的回报率，必须渡过通胀这一难关。

5.学会概率估值，你就是最聪明的投资者

价值投资是一种专门寻找价格被低估股票的投资方式，巴菲特将其当作最主要的投资策略，而它的核心是如何进行相对准确的估值。巴菲特采用了一个十分有效的计算工具——概率估值。

在巴菲特看来，估值的基本原则就是计算基本概率，这是他投资哲学的核心，这个方法从他青少年时期一直被沿用到后来经营伯克希尔·哈撒韦公司。

巴菲特青少年时很关注赛马，这是他最早将概率应用于分析的尝试，为此他设计了一种名为"稳定男孩精选"的小费单，里面包括了关于马、赛道、比赛日天气等历史信息以及相关的分析说明。举个例子，当一匹马在晴天时在某条跑道上赢得5场比赛中的4场，那么下一场比赛如果还是在晴天、同一条跑道上进行，这匹马赢得比赛的概率就是80%。虽然听上去这个计算方法简单粗陋，但这毕竟是巴菲特对概率估值的最早尝试，经过他后来的学习和实践，逐渐进化成一个系统性的计算方法。

概率估值的核心就是用概率进行思考，暂时抛开其他因素，让投资者

对准备购买的股票进行清醒和理智的分析，如果运用得当，就能大大提高预测的准确性，从而降低投资风险。

对于投资者来说，股票市场的确是一个看似没有定律的世界，但事实真的如此吗？并不是，股票的价格虽然会产生波动，但波动的推力来源于周边的多种力量，比如发行股票的企业，再比如经济政策和经济形势等，这些力量汇集在一起才不断改变着股票的价格。它们随时处于可以变动的状态，只要其中一股力量发生改变就会对股价造成影响，当然这些力量是没办法准确地预测出来的，但这并不能被直接认定为"完全无序"，而是处于一种可大致估算的概率之中，就像"晴天"和"赛道"可以看成定量，而马匹是变量，你掌握的定量越多，就越能推算出一个可预测的结果。那么，投资者要做的就是准确评估各种股票价格变化的可能性，预测因为股价浮动而带来的收益或者损失，以这个变化的概率找出最有价值的那一只股票。

投资者想要灵活自如地使用概率估值，就要对"概率"有一个准确的理解。举个例子，我们经常用扔硬币的方式进行决策，那我们猜测正面朝上的概率是50%，这个就叫作频率分析。假设我们只扔一次硬币，如果正面朝上，概率就等于100%吗？当然不是。同样，如果是反面朝上，概率也不等于0。原因很简单，概率反映的是一件不确定事情重复无数次所反映的频率，理论上是次数越多越能充分反映概率。具体说就是，当我们扔1000次硬币时，正面朝上的概率就会无限接近50%。

按照这个原理，我们在对某一只股票进行估值时，就要充分考虑到"扔硬币"的次数够不够多，也就是说不能只看一两次该股票的收益和亏损情况，而是次数越多越好，这样才可能计算出相对准确的概率——亏得多还是赚得多。对此巴菲特是这样表述的："先把可能损失的概率乘以可能损失的量，再把可能获利的概率乘以可能获利的量，然后两者比较。"尽管这种方法仍然存在不足之处，但它的确会更接近我们想要的一个真相。

巴菲特对概率估值的应用案例，主要体现在风险套购上。

风险套购是一种带有风险的套购形式，套购者买进将要被兼并的某个公司的股票，同时卖出兼并者公司的股票，这是在金融领域常见的一种获利玩法。在巴菲特看来，风险套购就是从证券差价中套利。举个例子，甲是个菜贩子，乙是一个菜市场的老板，乙想要收购甲的摊位，收购前甲的菜价低于乙（因为是流动摊位，成本低），那么投资者在收购前买了甲的菜囤起来，再卖掉刚刚在乙的菜市场买的菜（买时并不知道会收购甲），最后将囤积的菜卖给乙，因为乙在收购后菜价必然会高于甲，甚至会因为垄断经营而高于市场平均价，那么投资者就能赚到理想的差价。当然，证券投资不会像买卖蔬菜那样存在着保鲜、库存的高风险，所以我们可以忽略投资者在囤菜时出现的腐败损耗比，只需要计算倒卖过程中的损益比就可以了。

解释了风险套购的基本含义，我们就会明白一个信息的重要性：乙收购甲的概率有多大。如果概率越高，投资者就越能提早囤积甲的菜，因为一旦双方正式进入并购流程，投资者就没办法从甲那里买到菜了；如果概率过低，投资者囤积甲的菜就风险极大。

巴菲特在风险套购中的重要职责就是分析并购事件发生的概率以及损益比率，为此他这样描述道："如果我认为这个事件有90%的可能性发生，它的上扬幅度就是3美元，同时它就有10%的可能性不发生，它下挫的幅度是9美元。用预期收益的27美元减去预期亏损的9美元就得出18美元的数学预期收益。"在这里，巴菲特所说的18美元收益就是3×90%−

$9×10\%=18$。

虽然风险套购听起来很诱人，但它也存在着潜在的损失，因为概率始终是和事实存在差距的，比如乙收购甲的概率很高，然而在收购后并没有提升菜价反而维持原样甚至有所降低，这些不确定因素就会导致差价空间缩小。因此，巴菲特很清醒地认为，自己在风险套利上的概率评估更为主观一些，也就是更愿意相信"乙不仅愿意收购甲而且在收购之后还会提高菜价"。

普通投资者受限于理论知识和实践经验，可以不必像巴菲特那样进行复杂的计算或者长期深入的分析，只需要掌握概率估值的两个要点：第一，当我们计算出一只股票的赢利概率后，概率越高（可以横向对比其他股票，是相对概念），我们投资的数量也应该越大，这样才能让收益最大化；第二，成功的概率对你完全有利时才投资，这个"成功的概率"仍然是一个主观上的概率，那就是你最想得到的一个概率，比如乙收购甲的意愿达到90%以上你才愿意参与这次风险套购。

总的来说，概率估值是一个比较复杂的投资工具，复杂的关键不在于计算公式，而是选取的样本是否充分以及我们的主观认识会不会严重偏离客观事实，所以要想把它利用好，就必须经过长期的摸索和训练，培养对市场的敏锐预判能力和洞察能力，才能无限发掘到投资对象的最真实的价值。

第
四
章

新手选股标准:

从做成一笔交易开始

1. "经济形势" 不是选股的唯一标准

大众投资者往往有这样一种认识：如果能够对当前的宏观经济形势有一定的了解，那就能更加准确地预测投资市场，自然就能赚得盆满钵满。从大体上看，这个观点也算正确，但问题在于，经济形势和投资选择真的是强关联吗？如果不是强关联，就意味着有脱节甚至反向关联的情况，这很可能给投资者带来巨大的损失。

1998年10月，巴菲特在佛罗里达大学的商学院做了一场演讲。这期间，有人问巴菲特，能否就当前的经济形势和利率情况做一下分析。让人意外的是，巴菲特的回答是，他从来不研究宏观经济问题。凡是和宏观有关的问题他甚至不看不听，只有那些"水平一般"的投资顾问公司，才会擅长把经济学家拉出来大谈特谈各种宏观格局，而这些在巴菲特眼里都是胡扯。

或许在某些人看来，巴菲特是典型的幸存者偏差，是他个人出色的投资策略掩盖了对宏观经济形势估计的不足，毕竟巴菲特对虚拟货币和科技股之前也不看好。

巴菲特固然可能犯错，但在宏观经济这个问题上，他的观点还是值得每一个投资者认真思考的。

经济学家凯恩斯是宏观经济学的奠基人，应该是世界上最看重宏观经济形势的人，所以凯恩斯在投资外汇和期货时，总是根据宏观数据和理论分析进行决策，结果就是赚钱的时候少、赔钱的时候多。到了20世纪30年代，凯恩斯意识到了自己的这个问题，就修改了自己的投资理论，不再通过预测经济形势进行选股，而是寻找那些被低估的股票然后大量买入，这一点与巴菲特的价值投资理论不谋而合，结果就是凯恩斯在15年中的投资回报率达到了每年9%，而同一时期英国的股市却下跌了15%。试想一下，如果凯恩斯仍然以宏观经济形势作为投资依据，那么他这15年恐怕要赔个倾家荡产。

为何凯恩斯会放弃之前的投资理论呢？原来，凯恩斯经过分析发现，宏观经济形势会受到多方面的影响，他这个专攻该领域的专家都难以弄清，更不要说普通的投资者，而相比之下，发现一只被低估价值的股票要容易得多。

无独有偶，经济学家罗伯特·席勒也认为宏观经济指标无法预测市场，更不可能指导具体的投资行为。当然，这并不是说宏观经济形势没有参考价值，而是能从中分析出真金白银的人少之又少，目前已知的也只有金融巨鳄乔治·索罗斯（擅长分析国际形势，如1973年第四次中东战争时预判美国国防部会花费巨资用新式武器重新装备军队，于是投资掌握大量国防部订货合同的公司股票，最终获取巨额利润）。

巴菲特劝投资者不要触碰宏观经济形势，是因为大多数人对宏观经济最多是一知半解，而且接收到的信息还都是二手信息，带有一定的主观性和滞后性，所以无法为现实的投资行为服务。与其耗费大量的时间和精力在这方面，不如把注意力放在投资期限、资产配置以及风险承担等方面，而这些因素远比经济形势更容易掌握和操控。

巴菲特的话，其实就是在告诉投资者，宏观经济形势影响的市场走势并没有和投资产生正相关，虽然从表面上看二者存在千丝万缕的联系，但具体到如何选购股票时，你会发现这种关联无法为你提供有意义的参考。举个例子，你可以从宏观上认为"四川人都是特别能吃辣的"，可当你在真正接触具体的四川人时，总会发现有几个人并不喜欢吃辣，这虽然不影响宏观上的定论，但在具体问题上可能会出错，经济形势和投资的关系亦是如此。

巴菲特为何轻视宏观经济形势的分析呢？主要有两个原因。

第一，巴菲特一生笃信价值投资理论。他最看重的是股票背后公司的内在价值，仅就判断内在价值来说，他就要投入大量的时间和精力，而且准确率很高，相关性很强，那么他就没必要把注意力放在宏观经济形势上，因为他所关注的企业对整个市场而言是一个另类的存在。举个例子，2020年全球新冠疫情暴发后，大部分行业都受到了影响，但是手游产业、线上教育等行业反而出现了繁荣，如果你只关注疫情而不关注企业的内在价值，很可能就会和绩优股失之交臂。

第二，巴菲特对宏观经济形势和国家的经济政策都不感兴趣。他曾经说过，即便美联储主席告诉他下一年的国家经济政策，他也不会因此改变之前的投资策略。由此可见，巴菲特是一个具有超强定力的人，他相信自己的分析和判断，因为这是用大量的时间换来的，所以他比别人更能发现投资中隐藏的真正决定性因素。或者更准确地说，巴菲特是选择性地忽略了宏观经济形势对市场短期内的影响，毕竟他更看重长期持有一只股票带来的回报。

巴菲特的这种投资态度，是很多投资者缺少的，他们其实并非真的相信宏观经济形势，而是不愿意拿出太多的时间去研究一只股票以及背后的企业，所以更依赖于结论式的宏观经济形势分析，总认为这一类信息获取成本较低，可以帮助迷茫的自己迅速地做出判断，而这样做恰恰是放弃了很多可控因素，而把希望寄托在无数个变量之上。

当然，巴菲特并不是对宏观形势一无所知，他只是觉得这是一种类似于抛硬币的行为，对短期内的投资市场变化很难起到参考作用。但是从长期来看，宏观经济形势的影响性会更明显，比如他坚信美国的经济市场从长远来看是积极发展的，即便存在短期内的波动，也会迟早回归到正常状态。也正是这一理念，决定了巴菲特敢于进行长期投资，而他也习惯在各种危机爆发时力挺美国经济，比如遭遇熊市他会大量低价购买优质蓝筹股，给投资者和市场足够的信心。

归根结底，巴菲特对普通投资者的劝告是不要关注宏观经济形势，因为普通投资者更看重的是短期内的回报，所以分析宏观经济形势实属费力不讨好。但如果想获得长期回报，那么宏观经济形势对你的投资策略还是存在影响的，只是这一类投资者少之又少，而巴菲特就是其中一个。

事实上，巴菲特对长期宏观形势的变化是有着清晰了解的，所以他从来不担心短期市场的走势状况，但宏观的只是战略层面，更多时候是让他自己面对熊市时坚定对市场的信心，而具体的选股就涉及微观层面，属于战术操作，这又要依赖于对每一只股票及企业的调研和考察，而这些是宏观经济形势无法给出答案的，这就构成了巴菲特的投资逻辑学，也成为他"众人皆醉我独醒"的理由。

世界上只有一个巴菲特，对于大多数普通投资者而言，他们成为不了股神，他们也未必有成为股神的野心，他们或许只是想赚点外快，所以与其去研究"宏观经济形势到底和投资有没有联系"，不如牢记一句话："不要搞错投资的方向，毕竟人的精力有限，要把它用在自己可以掌控的方面。"

那么问题来了：什么是可以掌控的呢？基本上可以从两个方向确定：一个是投资确定性高的，比如某个特殊时期内的科技股，你确信它在经济规律的作用下呈现出短暂的上涨趋势，哪怕这个时间线很短但不至于让你赔钱；另一个就是你能驾驭的投资策略，比如善于低买高卖或者合理砍仓等，哪怕收益比不是很高，但只要十拿九稳，也值得尝试。总的来说，投资者不要把自己当成投资大师或者经济专家，而是要把自己定位成一个抗风险能力较差的初学者，这样就会自动屏蔽一些投资理论的陷阱，在稳中求胜。

2. "越倒霉"的企业越要出钱买它

以合理的价格买入好公司的股票并长期持有，这是巴菲特选股炒股的核心原则。即便是普通的投资者，也能基本理解这句话的含义：合理的价格是和市场相比，也是自己所能承受的价格；长期持有是为了和投机主义区分，要做好长达数年甚至更长时间的心理准备。但是，"好公司"如何划分，这是一个存在争议的内容。

根据巴菲特的投资理论，好公司应该大致符合两个标准：一个是被"护城河"保护的公司，另一个是净资产收益率能常年持续稳定在20%以上的公司。关于"护城河"这一概念，我们在前面已经解释过了，那我们就来看一下第二个标准——净资产收益率。

净资产收益率是指公司税后利润除以净资产得到的百分比率。这个指标能够反映出股东权益的收益水平，也就从侧面展示出公司对自有资本的运用效率，所以指标值越高就说明收益越高，股东就赚得越多。

当然，好公司并不是什么时候都值得投资的公司，就像王子只有落难时平民才有攀附的机会，而王子坐在宝座上平民只能远远地看着，所以巴菲特认为，最好的事情，就是一家伟大的公司陷入暂时的困境，只要他们一上"手术台"便可买下它。这言简意赅地阐述了一个道理：在好公司陷入低谷时购买最为有利。

长期以来，巴菲特擅长使用两种方法来寻找"落难的王子"。

第一种方法是相对估值法，也可以把它理解为比较法，那就是根据市场上的综合情况和整体指标对某一只股票进行分析，从而窥见它的增长潜力。举个例子，某只股票的市盈率是20倍，而同时期股票的平均市盈率是15倍，那么这只股票就是相对价值较高的。纵观巴菲特常年投资的股票，多数都是市盈率高于平均值的。

第二种方法是绝对估值法，简单说就是直接对某一家企业的内在价值进行计算，分析它在剩余的寿命中能够产生的现金的折现值。以可口可乐为例，巴菲特在1988年第一次购买了它的股票，可当时很多人对这个决策并没有拍手称赞，原因就是大家认为当时可口可乐的股价已经到了历史最高位，巴菲特像"冤大头"一样多花了4倍的钱，根本不算是抄底价。但是，巴菲特却认为自己仍然占了便宜，因为可口可乐的价值一直被市场严重低估。后来的事实证明，可口可乐经过30多年的发展，市值已经从150亿美元上涨到了2421.62亿美元（2021年8月4日美国东部时间）。

总的来说，相对估值法适合于普通投资者，因为不需要对某一只股票和企业进行长期深入的研究，但缺陷也很明显：会受到大盘走势的影响。毕竟"相对"只是和其他股票比较，如果处于大牛市或者大熊市时期，"相对"得出的结果也可能严重偏离事实。绝对估值法虽然难以掌握，却能够在屏蔽经济形势的前提下得出一个更接近客观的结论。

股市中，价格波动是再正常不过的事情，很多明明优秀的公司的股票在低位盘旋，一些投资者因为沉不住气而忍痛割爱，结果错失了一只拥有增长潜力的股票。巴菲特偏爱那些看起来很倒霉的公司，其实是他明白一个道理：股价的背离只是短期的表现，从长远的角度看，股价不可能背离其内在价值。

以巴菲特投资水果织机公司（该公司于1851年由美国罗德岛的两兄弟创立）为例，当时该公司已经宣布破产，所以伯克希尔差不多是以其一半面值的价格购买了该公司的债券和银行债券，从表面上看这是很亏本的买卖，但了解真相之后就会发现巴菲特的明智之处：虽然水果织机已经宣布破产保护，但它并没有停止支付有担保债券的利息，所以伯克希尔仍然能够获得每年15%的收益。从这个角度看，巴菲特对倒霉的企业有着极为清醒的认识：即使水果织机的收购价格高于本金面额的一半，但只要有利息回报，这笔投资仍然有利可图。

2000年底，巴菲特陆续购买了菲诺瓦公司的债券，而当时这家公司已经发生了严重的问题：流通在外的美元债券价格高达110亿美元，下跌到了面额的三分之二上下，算是业绩相当惨淡。然而巴菲特还是坚定地买入了该公司13%的债券，因为他很清楚，即便这家公司很快破产，但它的净资产依然在那里，最终回收的资金也会超出那三分之二的面额，这意味着仍然可以获得回报。

很多投资者并不太在意被收购公司的控股权，特别是那些已经走下坡路的企业，因为它们在市场和行业中已经"无足轻重"了，但巴菲特不这么看，他总是竭尽全力掌控话语权，这样才能提高投资收益回报的比率。换句话说，越是走霉运的企业，越要让它对你言听计从，因为顺风顺水的企业家更难以控制。

很多人之所以不敢投资倒霉的企业，是因为他们认为该企业的市场价值随着股价的下跌严重缩水了，此时再出手就是妥妥的接盘侠，但是格雷厄姆却给出了一种类似于神谕的解释："这是我们行业的一个神秘之处，对我和其他任何人而言，也一样神奇。但我们从经验上知道，最终市场会使股价回归于价值。"

格雷厄姆所说的"神秘之处"，就是"价格最终回归于价值"。其实，股票市场和商品市场一样，它也严格遵循着价值规律，所以在短期内出现股价波动是正常现象，因为无论它怎样波动，始终都是围绕价值的，即便这个波动是无法预测的，但是从长远看来，并不难确定出一个大致的波动范围，前提是你对这只股票有着充分的了解。

价值规律的基本原理是，商品的价值是由生产商品的社会必要劳动时间决定的，商品交换要根据商品的价值量来进行，这也就决定了在短期内可能会受到供求关系的影响产生波动，而长期来看最终会向价值回归。

当然，识别"倒霉的企业"并不是简单地看它当时所处的状态，还要考虑到会不会拖累你。

1996年，巴菲特买下飞安公司。这是一家世界知名的航校，它具有持久的竞争优势，那就是训练水平堪称一流，任何想要驾驶飞机翱翔蓝天的人都愿意从这里毕业。但是这家公司需要大量的后续投入，比如购买飞行训练模拟器等，每一部都价值不菲，如果单纯计算经济回报，飞安是良好的投资项目，但是没有足够的资金支持后续的运营，也就无法得到预期的收益。从这个角度看，巴菲特收购飞安并非在它陷入低谷的时间段，没有像喜诗糖果那样被外界低估。

找准"落难王子"，一定要选择正确的时机。举个例子，当王子刚刚落入民间时，虽然地位丧失了，但可能手中还有积蓄或者宝物可以变卖，这时价值自然不是最低，就不适合出手。由于价值回归具有一定的滞后性，这个时间点不好找，所以巴菲特才意味深长地说："最近10年来，实在很难找到能够同时符合我们关于价格与价值比较的标准的权益投资目标。尽管我们发现什么事都不做，才是最困难的一件事，但我们还是尽量避免降格以求。"

归根结底，投资者在投资过程中应当在意的是投资目标的内在价值，即使股价处于高位，只要股价大大低于其内在价值就可以投资，反之，即便股价处于低位但已经超出内在价值，仍然不值得出手。

3. 牛市来了，最不值钱的恰恰是股票

2020年7月，对中国股民来说是一个心脏狂跳的月份，仅3天时间，指数涨幅就达到190个点并持续新高，不少人都说这是几天就完成了10年都没有完成的事。大家缓过神之后都纷纷高呼："牛市来了！"不过，当股民们血液沸腾之后，不少人除了惊叹牛市的奇迹之外，更多的是一脸茫然，甚至很多经验丰富的老股民也不知所措，因为他们极少遇到这种情况，他们积攒的经验和认知无法帮助其进行决策。

突如其来的大牛市和莫名其妙的大熊市，都会让人感到迷茫，这是正常现象，但迷茫不能解决问题，如何在迷茫中找到一条出路才是最重要的。那么，巴菲特在遇到牛市时的反应是什么呢？答案是退市。

1968年，当时的美国股票交易已经达到了疯狂的程度，平均每天的成交量达到1300万股，比1967年的纪录还要多出30％。让很多股票交易所的工作人员疲于应付大量的买卖单据，成为美国股市中罕见的现象。而且这种状况甚至持续到了1968年的12月，当年底，道琼斯指数爬升到了990点，到了1969年仍然没有缓和的迹象，升到了1000点以上。

史无前例的大牛市让股民疯狂，然而巴菲特却保持反常的冷静，他在1969年5月终于做出了一个重大决策——解散私募基金。对此巴菲特的解释是："我无法适应这种市场环境，同时我也不希望试图去参加一种我不理解的游戏而使自己像样的业绩遭到损害。"在当时来看，巴菲特的这个决策简直是逆天而行，然而到了1970年5月，人们终于意识到他的先见之明：股票交易所的股票平均比1969年初下降50%。

大牛市之下，几乎所有股票的价格都远远高于其内在价值，这才是让巴菲特感到恐惧的关键，他知道随着时间的推移股票价值迟早会回归正轨，到时造成的损失也是难以估量的，所以他选择了冷静。

1972年，美国股市再次迎来一个大牛市，股价大幅上涨。和上一次不同的是，这次几乎所有投资基金都集中投资到几个市值规模较大且声名显赫的成长股上，比如柯达、宝丽来、雅芳等，它们被称为"漂亮50股"，平均市盈率上涨到80倍，让所有人都为之震撼。

这是巴菲特第二次遇到大牛市，对此他深感不安，他已经没办法买到价格正常的股票，每一只股的价格都高得离谱，所以巴菲特果断攥紧了口袋，并在1972年再次做出一个重要决策——大量抛售股票，只保留16%的股票投资资金，其余的84%的资金都用于购买债券。要知道，1972年，伯克希尔的证券组合资产规模有1亿多美元，如果用来购买股票很可能坐着顺风车大赚一笔，然而巴菲特还是保持着可怕的克制。

就在大家对巴菲特做出的决策困惑不解时，1973年，一度被炒得火热的"漂亮50股"股价大跌，道琼斯指数跟着持续回落，导致整个股市摇摇欲坠。最倒霉的就是1969年上市的公司，他们的股票市值直接缩水了一半。然而这场灾祸却没有结束，在1974年10月，道琼斯指数一路狂跌，从1000点下降到580点，导致当时的美国股票的市盈率几乎都是个位数，所有人都在疯狂抛售股票，然而没有谁愿意接盘。

当绝大多数投资者恐慌时，巴菲特变得"贪婪"了，当时《福布斯》采访他时他是这样表达兴奋之情的："我觉得我就像一个非常好色的小伙子来到了女儿国。投资的时候到了。"

这就是巴菲特最擅长的反向操作。

反向操作，并非机械式地逆势而为，为了证明自己不同而和主流投资方向对着干，因为这其实比盲目跟风更为可怕。事实上，股票市场对某个公司股价的判断是否正确的概率是相当的，也就是不会太准确也不会太错误，所以反向操作的一个重要前提就是，投资者已经可以确定股票市场处于疯狂的地步，已经严重脱离基本的判断概率，或者过高或者过低。如果没有这个前提，任何投资者都不要站在市场的对立面。

巴菲特在1988年写给股东的信中有这样一段话："当看到1988年很丰硕的套利成果后，你可能会认为我们应该继续努力以获得更丰厚的回报，但实际上我们采取的态度就是继续观望。"

当时的股票市场前景被看好，然而巴菲特却敏锐地发现，当时的现金水位已经下降，而伯克希尔关注的是股市长期的表现，短期的盈利没必要去关注，所以回避当前市场风险的最有效办法就是反其道行之。

反向投资从定义上很好理解，就是"人弃我取，人取我与"，不过这需要和人性的弱点对抗，毕竟人们生来就有从众的心理倾向，要想保持独立思考能力，就要忍得住诱惑和寂寞。很多投资者往往是在亲友的劝说下开始投资的，但真正的投资大师往往是在身边人陷入恐惧时才出手的。

为什么反向投资在多数情况下有效呢？原因很简单，假设市场中大多数人都看好股价会继续上涨，那么此时大多数投资者也会大量买进，价格会因此产生超涨的现象，也就是股价严重虚高，同时因为该投资的人都投资了，资金都在市场里，所以市场外部能够影响价格继续上涨的资金就大大减少了，而且每个投资者都在等待高价卖出，从而造成了股市的潜在供给大于需求，这时候如果发生一丁点不利的因素，比如行业的负面新闻，就会造成股价的大幅度下跌。

相反，假设股市中多数人都认为价格会继续下跌，那么此时想要出手的人会越来越多，从而导致股价发生超跌现象，而因为该出手的人基本上都出手了，市场内想要卖出的浮动筹码越来越少，同时市场上的股民都握着钱准备随时再买，就会导致股市的潜在需求大于供给，此时只要出现任何有利的因素，股价就会继续攀升。

道理是这个道理，但是如何知道大多数人是怎样思考的呢？毕竟这是一个涉及市场调研的问题。通常来说，当股市处于上升的高速阶段，几乎每个人都能赚钱，那么大部分的股民都是兴趣高涨、丧失理智的，加上媒体的添油加醋，会让股民认为前方有更多创新高的点位，自然股市外的限制资金也会源源不断地涌入，当事态发展到这个程度时不会有人看不出来，而这恰恰是反向操作的起点。比如1996年10月到12月期间，沪深股市猛涨，当时所有人都大赚特赚，甚至有了"不怕套，套不怕"这种失去理性的口号，这就是全民炒股的疯狂状态，后来果然都被套得很惨。

当股市处于大幅下跌的阶段，大多数股民都可能被套牢，他们万念俱灰，此时的媒体也会传递这种负面情绪，人们似乎要看到一个个创新低的点位，入场的资金大量流出，这又是一个反向操作的契机。比如2001年7月，股市高速下跌，股民和股评人都非常悲观，外部资金早已撤走，而如果在这个时间点买入，在3个月以后就会迎来触底反弹的翻身机会。

投资，表面上看是针对投资目标的分析学，但从本质上讲，是一门研究人性的学科，因为了解一家企业的财报、预测一个行业的未来并不算绝对的难题，只要你肯付出时间和精力总会无限接近真相，但是和人性的弱点对抗就难上加难，因为它无法用系统化的知识去解决，而这也成了普通投资者和投资大师的分水岭。

4. 熊市求生：不果断的人不配吃肉

在某些投资者看来，在股市中逆势操作是很"酷"的行为，也常常因为剑走偏锋而收获意外之财，其实真的敢如此操作的人并不多见。巴菲特曾经表示逆势操作的确是最佳投资之道，因为它正确瞄准了人类的恐惧和贪婪这两种情绪。

在美国爆发次贷危机之后，很多投资者因为这种悲观的新闻而情绪低落，进而改变了投资决策，但在巴菲特看来这完全没必要，因为他认为投资者经常犯错的事有两个，一是买错了股票，二是在错误的时间买入或者卖出股票，如果因为经济形势的波动而匆忙做出决定，这就是在错误的时间做出了错误的决定。

话虽如此，但是在熊市面前，没有多少人能够保持淡定的心态，总会对未来的股市走向产生恐惧心理，所以在仓皇之下做出自保的选择也在情理之中。然而问题在于，当大多数投资者都产生恐惧时，这种个体的自保可能变成了集体的悲剧，这时保持独立的思考能力才是真的自救。

1970年到1974年期间，美国经济处于滞胀阶段，低经济增长率和高通货膨胀并存，因此美国的股市也受到了沉重的打击，尤其是在1970年，股市出现了历史性的暴跌并持续将近4年的时间，堪称罕见的大熊市。然而，就在很多投资者纷纷离场之际，巴菲特却异常兴奋，他用低于平常的价格购买到了很多便宜的资产，用他的话讲就是以40美分购买1美元的东西，真正的物美价廉。得益于这种操作，让巴菲特后来的投资生涯有了更广阔的上升空间。

想要理解巴菲特的投资理念，首先要理解其背后的投资哲学，这些和经济学无关，而是和做人的基本智慧有关，是一个人进入投资界的基本素养，只有保持理性和客观才能拒绝情绪的干扰，做出正确的决策。

1987年10月19日，是美国股市著名的"黑色星期一"，当天道琼斯指数单日狂泻22%。伯克希尔公司也未能幸免，而巴菲特的大部分财富都在这里，但是巴菲特没有被道琼斯指数的暴跌影响情绪，他也不会一直关注崩盘的市场，反而和平时一样悠闲地打电话、看财报，关注公司的基本价值。单凭这种淡定的心态，就阻断了大部分人想要成为股神的可能。

当然，巴菲特的良好心态不只是情绪控制，而是在认知层面的真正淡定，他认为黑色星期一的出现可能和以往股市涨得太高有关，只要美国经济不发生明显的衰退，价格迟早要回归正轨。因此，巴菲特没有像其他人那样惊慌地抛售股票，他认为自己手中握有的股票都具有长期的竞争优势，发展前景良好，股灾和天灾一样都会随着时间的推移慢慢过去，因为"复利就像从山上滚雪球，最开始雪球很小，但只要滚的时间足够长，最终雪球也会很大"。

因为期盼着滚雪球，所以巴菲特在熊市时经常会果断出手，在别人捂住荷包的时候大手笔买入。2008年，美国第四大投资银行雷曼兄弟因为投资失利，在谈判收购失败后宣布申请破产保护，由此引发了全球性的金融危机。在此之前，雷曼兄弟曾经要求巴菲特注资，但是巴菲特在阅读了财报之后果断拒绝，结果半年后雷曼兄弟破产。就在大家都急需资金度日的时候，巴菲特为高盛投资50亿美元，到目前高盛的股票至少赢利20亿美元。

熊市出手，并不是无脑出手，因为在潮水消退之后，那些被高估的股票价格回落到低价是正常现象，所以不能盲目地抄底，这样的逆势操作只会带来灾难，所以巴菲特在熊市中的投资标准非常严格且逻辑清晰。

2008年金融危机时，纽约私募股权投资者弗劳尔斯找到巴菲特想要投资，但是他只听了10分钟就表示不感兴趣。后来，代表房地美（联邦住宅贷款抵押公司）的摩根士丹利银行家也想让巴菲特投资，无论从名气上还是实力上看它都不算小企业，然而巴菲特却早已察觉房地美存在诸多问题，也直接拒绝了。此外，被巴菲特拒绝的还有美联银行，它在之后不久落到了卖身给富国银行的下场。显而易见，巴菲特的拒绝都是有理由的，这不是一种因为陌生而引发的本能拒绝，恰恰是因为太了解其本质而做出的正确回应。

总的来看，巴菲特应对熊市主要有三个策略。

第一，控股权投资。

通常的做法是，控制公司或者买入相当多的股份从而影响公司的经营政策。而采取这种方法可以尽量不受到股市波动的影响，毕竟在熊市购买股票，这一类公司无论在话语权还是议价权上都处于劣势，而且因为股价低迷就能在低价位段持续地买进股票，从而提升控股能力。

第二，投资被低估的普通股。

控制公司从操作手段上看并不难，但人的精力毕竟有限，不可能同时管理多家公司，所以巴菲特会将25%～50%的资金投入5～6只普通股票中，这种投资策略和股票指数（由证券交易所或金融服务机构编制的表明股票行市变动的一种供参考的指示数字）有着密切关系：如果指数上涨，这些投资组合也会大概率上涨，如果指数下跌那么这些股票也会下跌，但是只要设定在合理的安全边际以内，加上适当的分散投资策略，就能让这种投资组合的风险降到最低。毕竟5～6只股票也是经过认真挑选的，不可能同时大幅度下跌，只要有部分利好就能确保整体无恙。

第三，套利。

套利和投资被低估的股票不同，它的价格主要受到公司经营管理决策的影响，不能单纯通过供求关系来决定，所以可以排除一些意外因素对其进行合理的预测。在熊市时期，巴菲特通常会保持着10～15个套利投资，每一个都能为他带来收益（最高15%），作为一种辅助投资手段，能够补偿那些被低估的股票可能继续下跌造成的损失。难怪巴菲特会说："最完美的事情就是在牛市中持有100%的低估值普通股，在熊市里持有100%套利类股票。"

从以上三个熊市投资策略来看，巴菲特的投资手段已经相当成熟，虽然它们可能在短期内存在着较大的差别，比如投资低估值的股票持续遭遇下跌，但是套利可能比较顺利。不过从长远来看，每一种投资策略都能换来较高的回报，也具有一定的安全性，等于是将每种投资策略的优缺点结合在一起，从而增强了整体的合理性和稳定性。

巴菲特在他的《巴菲特熊市应对策略》中提醒投资者，不要被熊市的下跌所吓倒，也不要盲目抄底，而是选择正确的进入时机，对投资者来说，抓住机会就成功了一半，所以要保持足够的耐性和理智，通过设置安全边际来降低风险。事实上，熊市不是投资者的地狱，投资者应当充分利用价格波动去做市场的主人。

关于熊市的选股策略，巴菲特认为，熊市不是不买股，而是要选择成长股，通过产品、权益资本和留存收益来判断股票的赢利能力，评估内存价值，只有一流的公司搭配一流的管理才能创造成长的神话。值得注意的是，在熊市中投资不是捡便宜，与其投资价格低的公司，不如投资好的公司。在行业选择上，尽量挑选不需要过多管理就能赚钱的行业；在公司选择上，要把自己当成企业分析家；在财务报表的阅读上，不只是看数字，更要看内在价值。

其实很多投资策略并非只有巴菲特才能掌握的"独门绝学"，主要是因为很多人的理性被情绪打败了，在实操阶段出了问题，因此巴菲特总是强调：成功并非源于高智商，而是理性，而投资的最高的境界就是"人弃我取，人取我与"。那种头脑发热的做法只能自取灭亡。

市场的变化是不可避免的，也是投资者无法对抗的，却可以巧妙地利用。在出手之前坚持自己的独立判断就尤为重要，这不仅需要坚定的信念，也需要适当的变通。为此，巴菲特总结出了"三要三不要原则"作为对熊市的投资忠告："要投资把股东利益放在首位的企业，要投资资源垄断型行业，要投资易了解、前景看好的企业；不要贪婪，不要跟风，不要投机。"

保持超常的冷静和耐心，不盲目跟风和恶意炒作，这才是一个投资者最应当匹配的心态。巴菲特凭借着这种淡定的执着，为他的稳健投资收益提供了稳定的保障。广大投资者也应当意识到，下跌的股票和动荡的股市并不可怕，真正可怕的是面对这种变故而失控的情绪，这种情绪会把你从原本并不危险的位置上拖曳到深渊之中。

5.鸡蛋放在多个篮子里是骗局

投资界有一句被用烂了的谚语——不要把所有鸡蛋放在一个篮子里。这句话一直被认为是散户投资者的买股原则，然而这真的是金科玉律吗？现实的情况是，很多散户本来资金就少，买的股票却很多，并像煞有介事地称其为"投资组合"。从表面上看是在分担风险，但因为投入过少，即便有几只股票赚钱也获利微薄。

其实对散户而言，正因为资金少，所以更应该集中优势财力投资选中的股票，这样才能把优势最大化，而不是广泛撒网。有一个残酷的事实是，投资界在资金200万人民币以下时通常最多同时投资2只股票，只有超过500万人民币才可能考虑2只以上的投资组合，这是为了让回报率最大化，而不是只考虑风险最小化。

巴菲特曾说："分散投资是无知者的自我保护法，但对于那些明白自己在干什么的人来说，分散投资是没什么意义的。"不仅是股神这样认为，投资界的另一位大佬彼得·林奇也说过类似的话："持有股票就像养育孩子，不要超出力所能及的范围；业余选手大概有时间追踪8～12家公司；不要同时拥有5种以上的股票。"

道理已经很清晰了，连拥有巨额资金的投资大鳄都如此操作，散户有什么理由分散资金呢？所以巴菲特是这样强调鸡蛋和篮子的关系：把鸡蛋放在一个篮子里，然后看好这个篮子。或许有人总觉得这是在提高风险参数，但巴菲特却不以为然，他的解释是："我们宁愿要波浪起伏的15%的回报率，也不要四平八稳的12%的回报率。"

由此可见，几乎所有业界的投资大佬对投资回报率的要求都胜过组合选择其他指标。正是出于这一原则，巴菲特才保持着相对集中的持股策略：80%的市值都分布在几只人们耳熟能详的股票中，这还是因为它们没有那么优秀，如果遇到一家足够出色的企业，巴菲特甚至会把钱全部投入进去，对此他的态度是："如果市场容量允许，我没有理由很看好一家公司，却还要把钱放进第二、第三看好的公司里去。"这说明他也认识到出色的企业的确凤毛麟角。

从巴菲特的经历中不难发现，在他和芒格管理合伙公司时，都是把有限的资金投在少数几只股票上，因此产生的投资波动率就非常巨大，比如1962到1975年的14年中，芒格的年回报率以标准差计算的波动率为33%，这和同时期道琼斯工业平均指数的波动率相比是2倍的关系，而在14年中平均回报率相当于道琼斯工业平均指数的平均回报率的4倍，高达24.3%，这就是波动性增大之后带来的回报。

从1987年到1996年间，巴菲特管理伯克希尔时的主要股票投资平均年收益率是29.4%，高出同期标准普尔500指数（记录美国500家上市公司的一个股票指数，具有采样面广、代表性强、精确度高、连续性好等特点）平均年收益率5.5%，能够达到这种程度和巴菲特的集中投资密不可分。因此，巴菲特向来不喜欢华尔街，因为那里的人赚钱更多的不是依靠回报率，而是赚取佣金，这就导致他们的行为会受到利益的驱使，盲目鼓吹某些股票，怂恿投资者多投资、分散投资，这样他们才能赚取更多的佣金，而这种行为在巴菲特看来就是，当你妻妾成群时，你肯定不能对每个女人都认识透彻。

不要把鸡蛋放在多个篮子里，就是对集中投资策略最朴素的解读，从巴菲特的投资理念中可以总结出三条原则。

第一，选择风险最小的公司。

如果你把资金投入几只股票中，你很可能对其中的每一只都是泛泛了解，而当你只投资其中一个时，你就会拿出更多的精力去了解这一只股票，因为你的全部身家可能都押在了它身上。这种看似风险提高的做法反而让你更有机会找到优秀企业的股票，这样一来，在价格合理的前提下，投资这类股票所带来的损失概率就会减少许多。

第二，选择最优秀的公司。

如果说"风险小"是针对损失比率而言，那么"最优秀"就是针对回报率来谈的。一般来说，那些业务清晰易懂且业绩持续优异的公司大体上都是优秀的，区别只在于程度上是比较级还是最高级。当然，最高级也是相对而言的，比如某一家公司的业务长期处于上扬的状态，或者该公司的管理层能力出众，这些因素都是证明该企业超过同行的评判标准，自然就接近于最高级，符合"最优秀"的选择标准。

第三，选择你最熟悉的公司。

真正规避投资风险的不是找多个篮子，而是尽可能地避免信息不对称，也就是说你可以对很多只股票和企业一无所知，但必须了解你投资的股票，当然也包含了你的人脉是否能够和这些投资目标存在交集，这意味着你能否从中获得一些内部信息，这些对信息的掌控决定了你的判断是否接近真相。

让你的仓位满载你了解的东西，这才是初级投资者应该参悟的道理，虽然集中投资可能会遇到波动性大的影响，也会偶尔受限于"一个篮子"的困境，比如突然发现另一只优秀的股票却没钱买入，但从长远来看，集中投资最终会显示出优势，因为它追求的就是长期收益率。它在长期内的总投资回报率很可能会远高于市场平均水平，这是分散投资所达不到的，分散投资最多能达到市场平均水平的投资回报。因此，投资者一定要保持清醒：你要追求的是最终的收益率，而不是短期内的波动，那些所谓的投资分析师鼓吹的"多元化"，并不能保护你的资金，因为多元化往往代表着无知，集中投资才是积累财富的唯一途径。

当然，集中投资也并非任何人都能成功驾驭，如果你愿意去研究某一只股票，那么就不要选择集中投资，因为大概率会输掉一切；当你不愿意进行5年以上的投资时，也不要选择集中投资，因为长期的持有会耗光你为数不多的耐性甚至是运气；当你资金不足时更不要进行集中投资，因为欠债的焦虑会让你寄希望在短期内获得回报。

这些就是集中投资策略需要的正确心态。正如巴菲特所说，他的投资策略并没有超出从事投资业的人的理解范围。的确如此，理解集中投资的精髓并不难，难的是在实操的细节上，你可以不去研究国际货币的波动，你也可以不关注美联储的新闻，但是你总要对几只股票、几家企业有超过常人的认识，而做到这一点并不容易。

把鸡蛋放在不同的篮子里，听起来给人很强烈的安全感，但这其实和分散并降低风险没有必然联系，正如我们在生活中不可能身兼数职去工作一样，因为我们的精力是有限的，分散得越多，对每一个领域投入得就越少，最后会变得毫无优势可言，反而成为老板最想开除的那个员工。投资也是如此，巴菲特并不是要求你只把鸡蛋放在一个篮子里，而是尽可能减少篮子的数量然后看紧它们，这才是对散户最保险的投资策略。

6.四步教会你用基金"捞钱"

作为大众皆知的"股神",巴菲特的投资理念影响到了很多人。特别是在最近的十几年间,他曾经八次在公开场合大力推荐指数基金,引起很多人趋之若鹜地购买指数基金。为什么巴菲特会多次推荐指数基金呢?

1993年,巴菲特在写给股东的信中有这样一段话:"当一位投资者不理解一门具体生意的来龙去脉,但是愿意成为美国经济长期的股东时,他应该谋求大范围的多元分散。那位投资者应该购买很多股票,并且分批买入。举例来说,一个什么都不懂的业余投资者,通过分期购买一个指数基金,能够战胜职业投资者。当'傻钱'意识到自己的局限后,它就不再傻了。"

这段话的意思简单明了:如果你是什么都不懂的初级投资者,最好的选择是购买指数基金。这个观点正确吗?2005年,巴菲特和华尔街门徒的联合经理人泰德·西德斯设下50万美元的赌局,以10年为投资期限,跟踪标准普尔500的指数基金业绩能不能战胜任意5只对冲基金,到了2017

年，西德斯的基金平均收益率是2.96%，而巴菲特标普500的平均收益率是8.5%。

指数基金为何有如此高的收益呢？从定义上看，它是以特定指数（如沪深300指数、标普500指数）为标的指数，并且以该指数的成分股为投资对象，只要购买该指数的全部或部分成分股构建投资组合就能变现的基金产品。

作为指数基金，具有透明度高、抗风险能力强以及受干扰因素少等优点。

透明度高，指的是指数的标的不会频繁调整，你只要看到指数基金所跟踪的目标指数的涨跌，基本上就能确定自己投资的指数基金是以何种态势发生净值（每份单位份额产品的净资产价值）变动的，即便偶尔存在指数成分股调整的情况也能提前得到通知，具有一定的反应时间，不会让你在手足无措中输掉全部身家。

抗风险能力强，指的是指数基金具有追踪指数的功能，是典型的广撒网式的投资，具有分散性，单个股票发生波动并不会影响指数基金的整体走势，这就减弱了风险带来的危害。更重要的是，指数基金通常都可以根据历史成绩了解其指数变化，具有相对的可预测性。

受干扰因素少，指的是指数基金不必进行主动的投资决策，也就是说你不必天天盯着走势做出分析，只要确保指数基金的组合与指数的变化相适应即可，简单说就是关注区间比关注某个点更重要，能节省很多精力。

那么，如何通过指数基金赚钱呢？通过解析巴菲特的基金投资策略，可以将其归纳为四步。

第一步，选对指数基金。

指数基金虽然有三大优势，但如果盲目选择一样会造成损失，对此巴菲特的解释是："我会把所有的钱都投资到一只成本费率低的跟踪标准普尔500指数的指数基金上，然后继续努力工作……把所有的钱都投资到像先锋500指数基金那样的成本费率低的指数基金上。"

之前巴菲特和西德斯的赌约，就是把100万美元的赌注全部押在一只跟踪标准普尔500指数的指数基金上，因为它是目前跟踪美国股市最宽的指数的指数基金，这也从侧面说明选对一只基金的重要性。选产品的过程具体可以分为"三看"：一看规模，二看跟踪误差，三看费率。其中最重要的一条就是选择跟踪误差小的产品。

任何一个指数基金都很难做到跟标的指数的涨跌完全一致，所以跟踪误差（是指组合收益率与基准收益率之间的差异收益率标准差，反映出基金管理的风险系数）的出现是必然的。我们要多关注以下因素：管理费、托管费以及其他各类运营费用的多少，成分股的公司事件，调入调出等带来的变化，现金拖累以及停牌股票等影响，如果上述变量较大且存在相当多的不确定因素，那么跟踪误差也会相应增加，反之就符合我们的要求。

当然，如果你觉得分析跟踪误差比较复杂，那也可以采用更简单的办法——买成本费率低的指数基金，因为它能让你最大限度节约资金，少花就是赚到。

巴菲特认为，很多投资者迟早都会发现，股票投资的最好方法是购买成本费率很低的指数基金，因为在扣除管理费以及其他费用后，你能拿到的净投资预期年化收益率必然会很高，甚至可能超过一些所谓的投资专家。

第二步，定期投资且合理组合。

如果你是一个投资初学者，或者说不想在这方面投入太多精力，那么不妨利用组合搭配的方式，配置股票指数基金和债券指数基金。这样听起来似乎更复杂了，但正因为是组合投资，才能互相补充、分担风险，而只选择一只基金更像是赌博。此外，投资指数基金要有规律，不要一时性起就进场，一言不合又退场，这和"暴饮暴食"别无二致，应该定期、分批来投资。

第三步，长期持有至少一只基金。

如果你购买了某个指数基金之后，持有了一段时间，这时候就会考虑何时卖出的问题了，对此巴菲特的建议是，假设基金投资者的投资每年要被管理费等额外支出分走2%，那么你的投资预期年化收益率想要赶超指数型基金则非常困难，所以对于中小投资者来说，不如保持心态平和，继续持有，时间越长，财富才能积累得越多。

这个建议和投资股票是通用的，巴菲特看重的就是长期回报，因为频繁的买卖有可能导致预期年化收益降低。当然这并不是说无休止地持有，只是要保持相对较长的时间，最终何时出手要根据每个人的具体需求。

第四步，快止损慢止盈。

这条原则对于股市是非常准确的描述，因为迅速止损能够降低风险，把损失控制在你可以接受的范围内，毕竟股市的下跌是有限的，而上涨往往是无限的。对于基金来说也是如此，如果处于赢利的状态或者呈现赢利的趋势，还是要大胆地持有，等出现回调时再抛售也来得及。当然，"快"和"慢"原本就是相对存在的，只有掌握好这个尺度才能实现止损和受益的平衡。

巴菲特曾经表示，如果时光倒流，他回到30多岁的年纪，只有工资而没有其他收入时，他会把全部的钱投在指数基金上。看来，基金的收益超出很多人的想象，也是最适合经不起大风大浪的投资者所需要的，毕竟拥有处乱不惊的心理素质的人是少数，如果你不想体验"黑色星期一"式的噩梦，那不妨尝试一下投资基金这条新路。

第
五
章

如何给企业估值：买股票就是买企业

1. 有活力的企业最值得让你掏钱

在最有活力的行业中做最有活力的企业，这是很多企业家的奋斗目标。事实上，对于投资者而言，这句话也可以改成"在众多企业中投资最有活力的企业"。简言之，活力代表着一个企业的生命力，这种生命力不仅仅是一个品牌标签，还可以变现成真金白银。

巴菲特一直坚信，投资者的回报和运气没有多大关系，当然运气这种意外因素的确存在，但更多时候和投资者是否了解自己的投资目标有关。有些投资者是干着投机的事却以为是在投资，往往是打一枪换一个地方，股票买了不少，项目考察了不少，然而真正能赚钱的却没几个。究其原因，这些亏钱的投资者大多选择了缺乏活力的企业。

巴菲特多年来一直拥有很多不同行业的公司，有些是参股，有些是全资或者控股，不论哪种参与模式，巴菲特都对它们了如指掌。他熟悉企业的营收、成本、现金流、劳资关系以及价格弹性等，即便如此，他依然保持谦虚的作风，并不认为自己能了解所有企业。但是他对于自己长期的观察和分析却很有信心，因为这些在他"智力范围之内能够理解"，对于不完全了解的行业，他承认自己很难解读其中的明智决策。

投资的成功与否不是因为你了解多少，而是因为你不了解多少，你的圈子可以很小，但你必须首先知道什么是圈子。举个例子，你对运动用品很感兴趣，于是结识了一些体育用品店的老板，自认为拥有了该行业的"人脉圈子"，然而这些不过是终端销售商，对于上游渠道如何运营的你一无所知，所以这个圈子的定义就是错误的。反之，如果你认识了一个运动用品的大区代理，哪怕只认识一个，哪怕只局限于某个省份，那么这个圈子的定义也是名副其实的，你会了解很多更有价值的信息。

在了解了什么是圈子以后，你就要在这个圈子里找到一个适合的投资对象。虽然普通人炒股不会像巴菲特那样有机会成为控股股东，但是也一样要了解你购买的企业，其中最显著的一个特征就是"有活力"。下面，我们就来解释一下"活力"的定义。

首先，有活力的企业一定有着良好的经营前景。

所谓良好的经营前景，简单说就是股东收益率较高，因为只有让股东获得的回报提升了，才会源源不断地吸引外部资金，同时也会让企业内部的经营状况更加稳定。所以，经营前景被看好的企业一定有高水平的权益投资收益率，这样才能直接提升股东权益，同样也会促进企业内在价值和股价的稳定增长。通常来说，企业用来赢利的资本分为两个部分：一个是由于未分配利润形成的留存收益，另一个是股东原始投入的资本。这两部分资本是企业实现盈利创造价值的基础，是否具有投资价值，就要从这两个数值上入手分析。

当然，分析上述数值并不容易，因为这要考虑到不同时期的具体情况，不能简单地通过总体收益率来判断，这是很多投资者容易陷入的误区。除此之外，投资者还要注意，在通货膨胀时期，该企业的核心业务如果具有强大竞争力的话，那么该核心业务只要投资一小部分增量资产就能产生较高的回报率，然而，除非该企业销量处于疯狂增长中，不然拳头产品的业绩必然会产生大量留存收益（指企业从历年实现的利润中提取或形成的留存于企业的内部积累，包括盈余公积和未分配利润两类），所以有些股东权益回报率和总体增量资产回报率突出的企业，很可能会将大部分留存收益投入错误的项目中，因此单一地去关注"增长"和"回报"仍然是片面的。所以，最直观的办法还是看该企业在获得较高收益后准备把钱花在哪里，如果是"赚大钱，作大死"就是很危险的。

对于投资者来说，判断企业是否有良好的前景有些困难，毕竟它是对未来的预测，所以可以通过结合当下热门产业的发展态势进行揣测，比如在新能源汽车发展的阶段，一家朝着该方向发展又没有过多负面新闻的企业，大体上是可以在未来的新能源市场占据一席之地的。同时，投资者也可以根据世界经济格局的变化以及国内政策的倾斜，去推测该企业未来是否可以享受到红利，概率越大，未来的前景就越光明。

其次，有活力的企业一定保持长期稳定的状态。

巴菲特一直很在意企业是否有"黑历史"，因为有"黑历史"意味着可能会在投资后卷入一些麻烦之中，而历史清白则意味着企业没有在经营过程中犯过严重错误，常年处于稳定的状态中，不会因为一个致命的失误葬送大好的发展前景。在巴菲特看来，企业如果发生过重大的改变，基本上意味着难以获得丰厚的回报，因为按照一般情况，重大的良性改变实际上要少于负面的改变。然而讽刺的是，很多人对"改变"无法定性，甚至将其当成一个中性词，只要某个企业出现了重组或者市场方向上的调整，他们都认为这是一个重新崛起的机会，殊不知这恰恰是悲剧的开始。

正是出于对"改变"的恐惧，导致巴菲特很少关注热门股票，而是把注意力放在他长期关注的企业上。虽然他的预测也不会百分之百准确，但相比于那些高调出镜的企业，那些埋头经营的企业总是相对可靠的，它们或许在重复地提供同样的产品和服务，鲜有创新，也爆不出重磅新闻，但这种看似缺乏创新的稳定给了投资者预测未来的依据。所以，巴菲特始终相信，一个在合理价格上的好企业比便宜价格的坏企业更有利可图，事实上很多企业面对困境大多数是无力自救的，所以别惹麻烦才是上策。

投资者对长期稳定的判断相对容易，因为这可以通过追溯该企业的发展历史来获得，随着信息获取方式的多样化和快捷化，通过互联网就可以轻松查询到某一家企业从创业至今的发展状况，符合巴菲特对"稳定"的定义的企业，自然就具备了投资的价值。

再次，有活力的企业一定具有创新能力。

企业是否具备能够领先同行的创新技术，往往对其未来的发展有着至关重要的推动作用。而创新包括思想创新和技术创新。思想创新是管理层具有一定的行业前瞻性，思维灵活，不拘泥于传统，不被刻板思维束缚；而技术创新是对产品的功能性、独特性以及先进性的研发和生产能力。当然，无论是哪种创新，最终需要的都是有创新意识和创新能力的人才，那么企业能否吸引、留住并培养创新人才就成了重要因素，因为这些才是构成企业核心竞争力的必备条件。

投资者对创新的理解未必深刻，但可以通过横向对比去发现，比如准备投资的企业拥有了多个领先同行的专利项目，这就代表着该企业对创新精神是鼓励的，那么在人才政策上也会十分友好。另外，也可以多了解该企业提供的产品和服务，观察该企业是否真的具备了创新功能。通常一个创新点的发掘意味着背后要有10倍的付出，而这样的企业基本上就会把创新性当作核心竞争力，不会轻易放弃。

最后，有活力的企业一定具有"长寿"基因。

巴菲特认为，在25年或30年仍然能够保持其伟大地位的企业才是伟大的企业。那么怎样才能确保企业长寿呢？巴菲特认为关键还是在于"供给"，简单说就是不断产生的市场需求才能长期养活一家企业。那么，这是否意味着该企业一定要生产无可替代的产品呢？从表面上看，那些平庸企业提供的普通商品，的确无法和其他竞争者拉开距离，比如木材、饮料、小麦以及低端的电子产品等，当然也包括客运、银行这些服务类企业，它们都无法形成有意义的产品优势，所以从这个角度看，为市场提供普通商品和服务的企业都是低回报企业，会在回报问题上遇到瓶颈，所以它们只能通过打价格战的方式去和对手竞争，这自然就损害了自身的利益。但是这并不代表这类企业就无法长寿，只要它们能够有效地压缩成本，就能在不伤害根本利益的同时给对手致命一击，或者遇到供给短缺时掌握话语权，占据卖方市场优势。巴菲特对供给短缺的预测是"供给紧张对于供给充足的年头的比率"。只是这个比率无法准确预测，所以只要能够有效地控制成本，即便只提供普通商品和服务，这样的企业也依然能够获得持续增长，投资者的回报也是稳定的。

如何判断企业"长寿"既是一个预测性的问题，也是一个回溯性的问题。如果该企业存在几十年的时间，其生命周期已经超出了同类型的其他企业，那就足以证明其初步具备了"长寿基因"，这时再结合对该企业未来发展前景的预测，也可以大致判断出企业生命周期的延续性，进而决定是否要投资。

总之，企业的活力是一个听起来抽象但可以通过观察而判定的因素，比如它所提供的产品和服务，再比如它的人才团队，这些才是决定其活力的关键，而不是单纯通过一句口号或者行业媒体的简评来判断，这是投资者需要谨慎考虑的问题。

2. 聚焦有群众基础的企业

股市上有一句话叫"有群众基础的股票走得都非常好"。这句话虽然不能被当成投资法则，却反映出很多股民的一种心态：某一只股票购买的人越多，理论上就应该越安全。当然，如果把这句话的主语替换成"企业"，作为一种投资理论会更加靠谱。

企业的利润源自社会，而社会的主体部分就是人民群众，他们既是大众消费者，也是口碑传递者，还是舆论推动者。巴菲特不止一次强调，买股票的时候，不要把过多的注意力放在股价的涨跌上，而是要多关注企业本身是否足够优秀，当然优秀存在多个维度的指标，其中重要的一条就是选择有群众基础的企业。

何谓群众基础呢？简单说就是该企业的市场形象好，产品或者服务的价格合理，能够被大众广泛接受并且很难被替代，而这一类企业就是行业中具有竞争优势的企业。

很多投资者太过看重股价是否便宜，而巴菲特更多的是看重企业的业务经营状况。他认为以一般的价格买入一家非同一般的企业要比用非同一般的价格买入一家一般的企业要好得多。为此巴菲特这样总结："对于投资者来说，关键不是确定某个产业对社会的影响力有多大，或者这个产业将会增长多少，而是要确定任何所选择的一家企业的竞争优势，而且更重要的是确定这种优势的持续性。"显而易见，有群众基础的企业就具备了持续的竞争优势，因为一个品牌的市场口碑需要时间的积累，单纯依靠某个时间段内的烧钱是无法建立起口碑的，最终只能造成短暂的爆红，热度一过就会被消费者和市场所遗忘。

股票从来都不是一个抽象的概念，投资人无论购买多少股票，都不能决定股票的价值，决定其价值的是公司业务本身的经营情况，因而企业是否得到消费者的广泛认同就尤为重要。所以，像巴菲特这样的投资大师，从来不把自己定位成股票分析师或者市场分析师，而是定位成企业分析师，因为他们坚信自己的财富命运是被投资企业的经济命运所决定的，哪怕他们拥有绝对的控股权。

那么，判断一个企业经济命运的具体参照点在哪里呢？答案是"经济特许权"。

巴菲特说过："经济特许权是企业持续取得超额利润的关键。"我们把这句话延展一下就是，经济特许权也是企业持续获得群众基础的关键。原因很简单，消费者离开你的产品，就无法买到替代品，用户对产品的黏合度较高，所以他们才能坚定地成为企业的忠诚用户。

很多投资者对"经济特许权"这个概念并不理解，他们认为企业股票的价格涨落往往和竞争对手的定价有关，所以总是喜欢在对比中判定一个企业是否有群众基础。比如A企业在某社交平台上有100万粉丝，而B企业在相同的平台上只有60万粉丝，通过对比就认为A企业更有群众基础。但这个认知并不准确，因为B企业很可能拥有A企业不具备的经济特许权，所以虽然粉丝数量相对少但都是刚需用户，他们不可能在A企业那里购买到可替代的产品和服务，所以B企业的群众基础要比A企业更加稳固。

在巴菲特看来，拥有经济特许权的企业，具备了其他竞争者缺乏的优秀特质，从而让这一类企业在市场上拥有一种特别的能力，其他企业无法通过价格战与之竞争，因为它们根本挤不进去这个领域，自然就无法瓜分你的市场。经济特许权的优势在于，即便该企业在某方面存在着糟糕的管理，但其结果也不过是影响获利而不会造成致命性的打击。

按照巴菲特的定义，经济世界中存在两个不同的部分，一个是伟大的企业，它们拥有特许经营权，另一个就是平庸的企业，前者数量稀少但是权力巨大，而后者数量众多但大多数不值得购买。至于巴菲特提到的特许经营权，并不能狭隘地理解为享有某种特权或者特殊政策的商业权限，而是包含三个内容：不被管制，独一无二，被迫切需要。正是因为具备了这三种特征，才能让这一类企业保持售价的稳定甚至偶尔还能提高售价，不用担心失去市场份额。这就有群众基础的显著特征，其实就是牢牢掌握了经营主动权，所以投资这类企业就能获得超出平均分值的资本回报。

有了群众基础，企业就不怕担心失去市场份额，它们就能在需求平稳、生产能力尚未被充分利用的前提下提价，就能拥有同行相对缺少的经济信誉，即使遭遇到通货膨胀等外部危机时也能有效地抵抗负面影响。

回顾喜诗糖果，它就是被消费者迫切需要且从精神意义上难以被取代的存在，而且也不存在被管制的经营风险，这些都决定了它的群众基础难以被撼动，这也是巴菲特力主投资它的关键。在他看来，这些群众基础好的企业具有长期的竞争优势，投资者不必为其前景而过分担忧。

参考拥有特许经营权的企业，其他普通的企业所提供的产品或者服务往往和竞争对手大同小异，而且这个对比会随着时代的发展产生变化。比如在20世纪80年代，能够生产计算机的企业凤毛麟角，但是进入21世纪以后，进驻该领域的厂商增多，消费者的选择更多，自然很难让他们和某个品牌产生牢固的吸引关系，也就缺少了群众基础。

正因为特许经营权决定了企业的稳定性，企业的可预测性也就增强了，因此巴菲特认为，这类企业20年之内的情况要比其他企业更容易被预测，从而能更加清晰地判断其股票的涨落，所以巴菲特自从进入投资界以后就一直关注这类企业，一旦发现它们的股价低于内在价值就迅速买入，因为他坚信很快会涨回去。

需要注意的是，"群众基础"这个定义并不局限于"主观上的强烈热爱"，也包括了"客观上的无法割舍"，比如微软公司的Windows产品，可能存在着这样或者那样的缺陷，但因为很多软件都需要依托微软的生态环境去运行，所以即便某些用户不喜欢微软也难以割舍，这种带有强迫和无奈色彩的产品黏性也是具有群众基础的表现。

当然，比强迫使用更无奈的是，特许经营的企业能够和通货膨胀保持同步，也就是在产品或者服务成本上涨时，它们也能无所顾忌地提价。比如可口可乐，因为人们对它的黏性太强，所以可以自动忽略涨价带来的负面体验。

需要注意的是，虽然经济特许权能够为企业创造高额的利润，但这并不能说明投资该类股票一定能赚钱，首先还是要确保买入的价格合理，另外就是经济特许权的内在价值存在高低之别（比如是否会随着时代发展而消失等因素）。

简单总结，特许经营拥有最突出的两大优势：第一，可以相对自由地涨价并获得较高的利润；第二，在经济下行时具有强大的抗风险能力，容易存活。上述两大优势，决定了消费者对这类企业的偏爱，这种偏爱不仅不会随着时间的推移而淡漠，反而会愈发稳固。如果你真的弄懂了特许经营的含义，那么在万千企业中选出符合该特征的目标就并不难了，特别是你以合理的价格买入并长期持有这类企业的股票，你的投资风险将会降到最低，因为你已经找到了打开证券投资世界的财富密码。

3. 品牌形象是首要参考指标

对于一个成功的投资大师来说，什么最重要呢？声誉。那么，对于一个成功的企业来说什么最重要呢？品牌形象。

选择企业，就像是在社会上交友，结识一个口碑好的人很重要，因为对方的口碑会提升你的口碑，反之，你则有可能被对方的坏名声连累而玷污了原本良好的声誉。巴菲特和伯克希尔公司旗下的很多经理人都是不缺钱的投资者，正是站位于这样的高度，他们才不会因为盲目逐利而丧失德行，而是非常看重企业的社会责任和声誉。为此，巴菲特表示：现在的伯克希尔公司已经足够有钱，以后如果能赚到更多的金钱当然好，但损失一些也没问题，唯独不能丢掉企业的声誉。

巴菲特之所以看重企业的品牌形象，是因为口碑效应的巨大作用。口碑好的企业，其业务的含金量自然更高；口碑不好的企业，即便是在广告宣传方面投入重金，往往也不会有大批的消费者买账。所以在巴菲特看来，企业爱护品牌形象就应当像爱护自己的眼珠一样。这并不是一个空泛的口号，而是能体现出企业经营宗旨和发展方向，也就是我们常说的社会效益。如果一个企业能够通过消费者的口口相传来建立品牌形象，这远比通过市场营销的效果更好也更深远。

巴菲特在1999年致股东的一封信中写道："当初政府雇员保险公司（盖可保险公司）尽管投入了大量的广告宣传，其实它的订单依靠的还是老客户的口耳相传，因为只有老客户满意了才会向其他人推荐，而陌生客户是不敢通过一则广告就下定决心购买保险的。"接下来，巴菲特开始算了一笔经济账：因为政府雇员保险公司在市场中留下不错的口碑，因此每年只要花费5000万美元的广告费用就能保持原来的规模。巴菲特并非信口胡说，经过他的调查发现，政府雇员保险公司在1995年花费的广告宣传费是3300万美元，而当时它雇用了652位电话接线员，到了1999年，广告宣传费已经上升到2.42亿美元，而电话接线员也增加到了2631位。

现在问题来了：政府雇员保险公司投入了比以往更多的广告费用，真的换来了良好的经济效益吗？并没有，随着广告宣传费用的增加，它的广告效应却在不断递减，尽管它的媒体曝光率看似很高，可实际上打电话咨询业务的人越来越少。那么，到底是什么因素造成这种现象？

一方面是政府雇员保险公司的业务重心从过去续约率较高的客户转向续约率较低的普通客户和非标准客户，这就直接降低了业务成交率；另一方面是新客户的续约率必然要低于老客户，如果考虑到近几年公司业务发展速度加快，也从侧面说明新客户的比重占比不小，意味着有更多的潜在客户被吸引进来。

巴菲特之所以要仔细算这笔账，就是想让大家知道，只要保持良好的业界口碑，企业的经济效益就不会下降，至少也能和辉煌时期保持大体相当的水平，作为投资者千万不要被一些表面现象所蒙蔽了（比如无底线的炒作却吸引了社会关注度），要始终如一地爱护企业的形象和信誉。更重要的是，口碑效应的存在，会让企业尽可能地减少运营成本，而这恰恰是政府雇员保险公司最大的竞争优势，它的全部保单续约成本是全美保险公司中最低的，这个优势是同行难以复制的，因为口碑不是靠金钱就能买来的，也不是在短时间内就能积累的。在低成本运营的优势下，政府雇员保险公司的收费标准自然也会降低，反而帮助客户节省了一部分开支。

既然口碑对企业如此重要，投资者该如何选择与拥有好口碑的企业呢？一般来说，好口碑的企业总在你身边找到认同它们的人，这是可以直接感知到的。另外，好口碑的企业总会发生过一些真实的案例，注意不是那种以营销为目的的炒作故事，而是可以查询到的新闻事件，比如顾客购买某产品之后出现使用问题，该企业很快给顾客换新，这样有迹可循的案例就可以间接证明该企业的口碑是否经得起考验。除此之外，还可以借鉴巴菲特的一个"报章测试准则"。

"报章测试准则"是巴菲特对自家企业口碑维护的一个测试工具。原来，巴菲特会经常思考一个问题：如果自己的某个决策被某个不太友善的记者发表在次日的地方报纸上并被很多人看到，这些读者会产生何种想法呢？如果大家表示认可，那就意味着这个决策是可行的，相反就是不可行的。巴菲特用这个近乎思想实验的测试工具去审视自己的决策，因为按照一般逻辑，一个对你不友好的记者写出的东西通常不会带有主观偏爱，而以这种论调写出的文章还能让读者表示认同，那就意味着这个决策基本上是正确的，至少可以说不存在明显的漏洞。相反，一个和你关系亲近的记者写出的报道，很可能会加入很多美化的因素，会对读者进行误导，那就难以通过他们的反应来判断决策的正确与否了。

借助"报章测试准则"的逻辑，我们在考察一个企业的口碑时，可以多看看和它利益相关性不大的传统媒体或者自媒体是如何介绍的。如果正面的报道超过负面报道或者负面新闻漏洞百出，基本上可以说明这家企业的口碑不存在问题，所谓的负面新闻也是人为制造的，否则早就被那些对立或者中立的媒体彻底曝光了，所以这种方法是相对客观的"口碑查询器"。

20世纪末美国兴起了购买私人飞机的浪潮，由于私人飞机的投资成本很高且利用率低，所以巴菲特经过权衡之后让伯克希尔购并了两家企业，一家是国际飞安公司，另一家是企业主管飞行公司。其中，企业主管飞行公司飞机出售业务很受消费者喜欢，其市场占有率超过其他两家竞争对手的总和；而国际飞安公司是为客户培训飞行员，规模是最大竞争对手的5倍。

由于私人飞机业务是刚刚兴起的，市场前景尚且不可知，存在着较大的经营风险，毕竟时尚潮流往往变化很快，但是巴菲特敢于同时并购两家企业，就是看中了这两家企业的口碑。比如企业主管飞行公司，它的新客户中有65%是通过老客户推荐过来的，这是一个相当可观的数据，等于间接为公司省下了一大笔宣传推广费用。那么，老客户推荐的动力是什么呢？他们并没有从中获得任何提成或者奖励，而是因为他们本身就认可企业主管飞行公司的产品，相当于今天网络上的"自来水"（发自内心地喜爱和欣赏，去义务宣传某个品牌或者某项活动的粉丝团体）。

人人都懂口碑效应，但是能够做到这一步的人却不多，原因就是在利益诱惑面前，人们很容易忘记初心，失去底线，成为金钱的奴隶，最终却还是被金钱抛弃。正因为口碑对于很多企业是稀缺产品，所以投资者在选择投资目标时，更应该看重具备这种稀缺优势的企业，相信它们无论经历怎样的市场波折，最终都能回归到正常的价格上，因为它们用口碑换来的价值是无法被其他企业取代的。

4. 谁受金主喜欢就吃定谁

如今是一个拼"金主"的时代，谁的后台资金雄厚，谁就能在竞争中撑到最后。虽然这并非放之四海而皆准的真理，却真实地反映了一种现象：人们在衡量某件事物的价值时，往往会考虑到与之相关的某些场外因素，有时这些场外因素恰恰能起到关键作用。

按照上述逻辑，金主喜欢什么样的企业，什么样的企业就值得投资，因为即使遭遇市场变化，这样的企业往往也不会遭遇严重的资金断流，而一旦挺过危机，就能回归到应有的价格。

投资股票本质上就是投资企业，而考察一个企业可以从多方面入手，有些条件是必备的，有些条件是附加的，其中最核心的还是企业的业绩能够稳定增长、内在价值的增长速度与其股票相匹配。如果达不到这两个标准，这样的企业就充满危机，投资者必须谨慎出手。

喜诗糖果之所以成为巴菲特众多投资案例中最成功的一个，就在于它是拥有着稳定表现的企业，所以才吸引了巴菲特这个大金主，让它在原本就不弱的实力上得到进一步强化。那么，以喜诗糖果为样板就可以得出结论：经营扎实、业绩稳定的企业才是值得投资的。

2000年7月，一家名叫本杰明的油漆公司的董事鲍勃打电话给巴菲特，问他是否愿意购买该家公司。因为巴菲特早就认识鲍勃并对这家拥有117年历史的油漆公司非常了解，所以听到消息后马上表示出了浓厚的兴趣。仅仅一个月过后，巴菲特就带上芒格和本杰明油漆公司的两任总裁见面，最后开出了10亿美元的收购条件并在12月最终完成收购。

巴菲特手中常备着大量的闲置资本，但他却缺少值得投资的目标，原因就在于优秀的企业实在太少。换句话说，当别的金主不为所动时，就能从侧面证明他们也没有发现值得投资的企业。哪怕是在2002年美国股市连续3年下跌时，巴菲特仍然不急着出手，因为在他看来，如此低的价格也没有一只股票值得他投资，它们背后的企业都不符合他的投资标准。

纵观巴菲特60多年的投资生涯，绝大多数的投资都能成功，这得益于他始终聚焦在几家财务状况稳定、具备行业竞争力且市场口碑不错的企业上，而除此之外的企业基本上不在他考虑的范围。如此看来，能让金主真正动心的企业，必定要具备一个核心特征，那就是可持续的赢利能力。

金主从来不会白白投资一家无回报或者回报低的企业，他们看中的都是有潜在竞争力的或者是内在价值被低估的企业，而巴菲特也一直在努力寻找能够给伯克希尔带来长期报酬的企业，所以金主的选择对象也就是投资者的目标。

巴菲特坚信，投资股票不能忽视该企业的赢利能力，这种赢利能力并非在短期内爆发，而是能够长期维持下去，所以那些偶尔站在某个风口起飞、未来不可预知的企业并不值得冒险，当然，"可持续的赢利能力"不是一个主观上的判断，而是要依据客观实际。

1982年，巴菲特在给股东的一封信中写道：当初伯克希尔公司的内在价值大概增长了2.08亿美元，和期初余额的5.19亿美元相比增长了40%，在他掌控伯克希尔的18年中，每股的账面价值从19.46美元暴涨到当时的737.43美元。显然，伯克希尔就是深受金主垂青的赢利能力强的企业，所以巴菲特通常也是以伯克希尔为范本去寻找适合的投资目标。后来，巴菲特对政府雇员保险公司的持续优秀表现印象深刻，因为在他心中，这就是最值得投资的企业。

和伯克希尔相比，政府雇员保险公司也是从一个相当长的时间内一路走过来的，这是一个最为客观的标准，因为时间不会说谎，所以，巴菲特对那种被预测在未来会有持续增长的企业毫无兴趣，预测始终只是预测，没有经过客观验证永远都是未知的。

对于普通投资者来说，手中的资金有限，对股市的认知也没有达到较高的水平，所以很容易被人洗脑，认为某些目前看起来涨势不妙的企业会"未来可期"，这其实是一个可怕的陷阱，因为就此得出的推论是没有经过验证的，哪怕听起来很真实也不行，"客观实际"是绝不能被放弃的标准。除此之外，那些业绩表现不稳定、被预言在未来某一天能够翻身的企业，巴菲特也不建议跟进，因为往期的不稳定恰恰说明了该企业不具备可持续赢利的能力，其运营的内核一定出了问题，所以才导致内在价值的忽上忽下，对这类企业的投资必须慎重。

把"客观标准"当成铁律去执行，这很符合巴菲特的个性，也成为确保伯克希尔公司持续获得业绩增长的关键。正是出于这个原因，巴菲特更倾向于对投资的公司进行控股，担心它们在自己预期之外的道路上越走越远，贬低了其应有的内在价值。当然，普通投资者不必考虑这一点，但也要多留意自己关注的股票是由什么样的人在操控的，不能只看明面上的老板是谁，还要看其背后的金主如何，因为真正受到金主宠爱的，必然会有能力匹配的人来掌管，不会轻易地葬送一家优秀的企业。

既然股票价格最终要围绕其内在价值而波动，那么值得投资的企业通常都是那些能够领先整个行业以及整个股市平均水平的，这样才能给投资者可观的回报率。不过在辨别企业是否优秀的问题上，存在着很多假象，在这方面巴菲特就吃过亏。

1965年，巴菲特将2200万美元投入纺织业务上，结果到了1978年，该业务板块在伯克希尔内部已经成为拖后腿的存在，但是巴菲特仍然不打算将其割舍，原因在于巴菲特认为该纺织厂是一家优秀的企业，应该会在经历市场的动荡之后凸显其真正的内在价值，然而事实证明巴菲特想错了。

1979年，伯克希尔的纺织业务已经失去了发展的动力，这让巴菲特最终死心，在1985年将纺织厂关闭。经过这次教训，巴菲特悟到了两条真理：第一，一家能够在该行业中富于效率的纺织厂也只能是一家优秀的纺织厂，却不是一家优秀的企业；第二，他忽略了哲学家康姆说的"才智是情感的仆人，而不是情感的奴隶"的忠告，对自己太过自信了。

巴菲特的教训对普通投资者同样有用，因为普通投资者容易对"优秀"产生错误的认识，会把那些增长潜力一般但被"同行衬托"显得优秀的企业认定是优秀的，简单说就是在矮子中找大个，这样的认知会混淆"优秀企业"的核心特征：具备长期赢利的能力。和巴菲特错误投资的纺织厂相比，他重仓持有的可口可乐公司就一直保持着高额的回报率，因为可口可乐不是在比烂中成为优秀企业的，它的对手百事可乐同样强大，所以这种优秀才是货真价实的，也是值得金主关注的，因为这种辉煌会不断延续下去。

回过头看，衡量一家企业是否具备持续的赢利能力，是针对过去的表现进行的综合分析，比如要剔除掉因意外因素造成的表现良好或者是"同行衬托的优秀",简单说就是不要犯经验主义错误,更不要偏向主观主义,要像做科学分析一样去研究投资目标的历史,而不是马上代入投资者的视角,因为相关利益的介入会影响你的判断。

"重要的是,你是否适合经商。"这是巴菲特对投资者的忠告。这句话的深意在哪里?其实很简单,如果你想在投资界赚大钱,要先具备成功经商者的思维,这样你才能理解金主会钟情于什么样的企业。正如巴菲特所说:"如果你具备商业头脑,在1919年用每股40美元的价格买入可口可乐公司的股份,放在今天已经翻了不知多少倍了。"

当你拥有成功经商者的思维方式后,你才有可能复制他们获取财富的模式。当然,有辨识力的金主常有,优秀的企业不常有,所以当你发现符合上述条件的企业时,最好尽快出手,因为这些企业会随着金主的投资跟进不断提升其内在价值,其股票价格也将进一步上涨,等到这时再出手就错失了良机。

5. 善于管理的企业成长空间最大

　　如果你是一个企业家，在评价另一家公司的企业价值时，会不会考虑这样一个问题：如果你们是同行，愿意和对方竞争吗？或许有的人会选择正面对抗，但如果这家公司足够优秀，特别是有着出色的管理团队，恐怕多数人会采取差异化的竞争而非迎面直击，因为大多数人都会忌惮对方具备的人才竞争优势。

　　这也是巴菲特经常思考的一个问题。

　　既然投资股票是投资企业，那么公司的管理层是否优秀就是判断这家企业是否值得投资的前提之一，尤其是当你已经确定这家公司具备了一定的赢利能力之后，接下来就需要观察该企业的管理层了。在巴菲特看来，如果对方的管理层是梦幻天团，那就意味着他们拥有足够宽大的经济护城河，你很难从对方手中分到一杯羹。

　　什么样的管理层堪称优秀呢？巴菲特认为内布拉斯加家具中心就是典型代表。该公司的创始人罗丝·布拉姆金夫人是巴菲特最中意的优秀管理者样板。她是一个俄国人，23岁来到美国，没有念过书甚至都不懂英文，她在1937年用500美元的积蓄开了一个家具店，此时的她毫无经商经验，完全照搬美国当时最大的家具交易中心的模式，唯一不同的就是价格更低，后来她不断遇到难题，最惨的时候甚至把家中值钱的东西都卖掉了，结果是她保住了家具店的信誉。后来，当地的家具商们联手对布拉姆金夫人进行围剿，依然没有将其打败，她的低价格高信誉策略最终让她站住了脚，最后发展成为全美家具零售商中的巨头。

在巴菲特看来，布拉姆金夫人的管理能力无人能及，即便是面对超出自己十几倍甚至几百倍的对手，她依然能够存活下来，这就意味着你拥有再多的金钱也无法将其击败，这样的管理者预示着企业会畅通无阻地发展，没有什么外界力量能够遏制其前进的脚步。值得注意的是，布拉姆金夫人将自己的经营绝学传给了儿子路易·布拉姆金，路易又把毕生所学传给了他的三个儿子，这意味着公司的管理团队不会因为布拉姆金夫人的老去而衰落，反而会在时间的累积中继续增长经验，最后个个都成为金牌管理者。

常言道：交友交心。对巴菲特而言，投资和交友一样，必须把自己的钱交给一个正直可靠且具备管理能力的人，才能获得大幅度的经济回报。本着这一原则，巴菲特每次考察新的投资项目时，都要先认真观察并了解该企业的管理层，如果是准备控股的企业，那么管理层的人事任选他也会参与，为此他曾经感慨地表示："无论企业具有多么诱人的前景，但是与坏人打交道做成一笔好生意，我们从来没有遇见过。"

顺着巴菲特的这个思路，普通投资者在考虑购买一家企业的股票时，也应该思考三个问题：第一，他们的管理层是否理性；第二，他们的管理层是否对股东坦诚；第三，他们的管理层是否能抗拒惯性驱使。

巴菲特认为，优秀的管理层不能把自己定位成经理人，而是要定位成股东，把自己想象成这家企业的拥有者，要像企业的主人那样思考，这样才能提升股东的价值。除此之外，他们还要做出理性的决策来实现这些目标，在和股东打交道的过程中，他们要负责且坦诚地和对方沟通，不隐瞒负面信息，敢于面对问题。

是否能准确解析巴菲特提出的三个问题，就成为是否能判断出管理层优劣的关键。

第一，何谓"理性"？

巴菲特认为，管理层最重要的能力是能够配置公司的资本，因为这关系到股东的长远利益，而如何处理企业的赢利决策就是逻辑和理性的体现。具体来说，企业在不同的发展阶段，自身的成长率、销售额和现金流都存在巨大的变化，比如在发展阶段会因为客户较少而亏损，而到了成熟阶段会遇到发展瓶颈，到了下滑阶段可能会遇到强有力的竞争对手取代自己；另外，每个阶段的资金储备和流动状况都不同，如何利用这些资金就需要理性思考。如果管理层是非理性的，他们往往会迫切想在短期内获得一张"好看"的汇报增长表，但是这样一来就会陷入盲目求快的投机主义中，而股东也会被管理层说服，期待回报的尽快增长，最终结果就是现金被低效率地使用，因为它们没有投入可持续增长的长期项目中，这很有可能导致股价的大幅度下跌。作为投资者，选择在这种管理层控制下的企业显然是失策的。

怎样的"理性"才能给企业带来稳定的回报呢？巴菲特认为要通过分红和回购股票的手段，把现金直接交给股东而不是盲目投资，这样一来虽然公司的业绩没有找到新的增长点，但是股东的利益得到了保护，会提升该企业优良运作的形象，也会吸引更多的投资者。当然，回购股票存在着机遇和风险，所以要选择股价低于其内在价值的时期操作，这样股票就有上升的空间，股东的收益也会增加。

第二，"坦诚"代表着什么？

巴菲特十分欣赏那些能够真实反映企业财务状况的管理层，这一类人乐于分享成功，也勇于承认错误，因为他们对股东的开诚布公会维系一种和谐的合作关系，逐渐赢得股东的信任。相反，不坦诚的管理层，可能会通过造假来粉饰太平，让股东无法意识到企业经营已经遇到了严重的问题，随着时间的推移会让风险加剧，等到发现时往往会酿成大错。

巴菲特不仅把"坦诚"当成优秀管理层的必备要素，他自己也是这么做的，因为他在伯克希尔持有大量的股份。巴菲特从不避讳自己所犯的错误，毕竟他是话语权最大的那个，不能把锅甩给其他人。在这个树立率真形象的过程中，巴菲特凭借坦率的作风得到了其他股东的信任，也给管理层做了表率。对此，巴菲特还进一步解释说："在公众场合误导他人的CEO，私底下也会误导自己。"

第三，"惯性驱使"的真正含义。

巴菲特经常思考一个问题：如果管理层因为坦言失误而获得信任，为什么还是有很多人喜欢掩盖错误而不是开诚布公呢？原因很简单，很多人被惯性驱使，他们并不知道自己这样做的意义所在，而是看到其他人尤其是前辈也在这么做，就在从众心理的驱动下盲目模仿起来。巴菲特认为，惯性驱使相当可怕，它会直接吞噬掉人们的理性，让人只愿意模仿而拒绝独立思考，而且这一类人存在着三个显著特征：一是他们所在企业拒绝创新，导致他们也懒得思考；二是他们的工作量不够饱和，为了消磨时间会主动找一些未经认真考察的项目；三是他们会为了满足上级的愿望而不假思索地去执行。

其实，造成惯性驱使的根本原因还是人性，很多管理者也知道对股东坦诚是一种优秀品质，但是他们更喜欢和业绩良好的人比较，所以总是下意识地谎报军功。因此巴菲特认为，这些管理者的失败根源不是因为愚蠢，而是他们自我意识的迷失。

既然管理层对企业的发展至关重要，那么普通投资者又能如何准确获取到这些信息呢？毕竟并非人人都能像巴菲特那样进入精英集团构成的圈子，对此巴菲特给投资者提供了一些窍门：可以从过去几年的企业年报中，寻找公司管理层谈及未来的策略，然后对比今天的计划，看看最后实现了多少，再看看今天的政策和过去的政策有多大差异，由此可以判断管理层内部的思想是否发生了变化，如果条件允许的话，最好再对比同行业中其他企业的管理层，这样就高下立判了。

关于企业年报，可以通过网络上的一些平台去查询，即便你找不到准确的入口，也可以通过搜索该企业的新闻侧面了解，毕竟今天是信息高度发达的时代，几乎每个企业在热门社交平台上都有官方账号，很多管理层通常都有个人账号或者被官方引用出来的发言，这些其实比年报的内容更丰富也更直接。此外，再参考一些比较客观的自媒体搬运的信息和独立分析，基本上也能了解一个企业的管理层一年之内都说了什么、制定了什么政策、是否发生了负面事件等，结合巴菲特提出的三个问题，就不难判断出一个管理层的真实水平。

当然，管理层的优劣并非判断企业好坏的唯一标准，很多时候巴菲特甚至不会将其当成首要考察的因素。在一个病入膏肓的企业中，再优秀的管理团队往往也无力回天，这时候对他们个人能力的看好反而会做出整体上的误判。所以，对管理层的判断要基于该企业保持稳定的业绩，毕竟，人的能量和平台的能量相比，显然后者的力量要更强。

第六章

财报评估：无风险利率与安全边际

1. 记住，好公司从来不欠钱

"借钱"这种事在商业圈子里是十分常见的，可以说世界上几乎没有不负债的公司，很难想象有哪家企业不跟银行打交道就能做大做强，所以在很多人眼里，负债经营不仅不是一家公司的耻辱，反而是一种绝境求生的光荣。从经济行为的角度看，"负债"并非一个贬义词，但如果企业形成了负债经营的习惯并且不想方设法尽快偿还债务，那就是另一回事了。

巴菲特曾说："如果你是个精明人，你就不必负债。如果你尽冒傻气，将会贻害无穷。"这席话充分表明了巴菲特对企业债务的态度，他认为一家负债经营的公司是存在风险的。

在巴菲特心中，负债率过高就是罪恶的种子，而一个企业如果埋下了这颗种子，就失去了投资价值。因此，巴菲特也从不允许伯克希尔大举借债，只有这样才能"知道自己最后会死在哪里"。其实这席话出自芒格，从侧面描述了大举借债的企业的最终下场，因为钱借得越多，企业就会越被动，最终无法按照预定的轨道去发展，更失去了翻身的可能。

2008年5月，巴菲特在公开场合表示，本年度他最后悔的事情就是没有收购在这次金融危机中最具投资价值的美国第五大投资银行——贝尔斯登公司。原来，贝尔斯登公司因为陷入巨额债务和资金筹措的危机中，让巴菲特十分不看好，因为债务危机无法在短时间内用有限的金钱来解决，所以巴菲特才谨慎地选择了放弃。

这是巴菲特少有的错失良机的案例，但并不能说明巴菲特对负债过高的看法是一种偏见，毕竟贝尔斯登是在特殊时期和特殊环境下产生投资价值的企业。其实通过这个案例，更能从侧面反映出巴菲特一直坚信好企业不欠钱的投资原则。

如果一个企业负债过高，最直接的原因是其管理层造成的。这种失职行为不会只体现在公司的财务问题上，还会波及其他方面，比如产品设计、市场营销、客户服务等，这也就意味着该企业存在诸多隐患，它们或许不会在短时间内爆发，但迟早都会暴露无遗，这对于投资者来说就是一颗定时炸弹。

不负责任的管理层会为了个人利益而竭泽而渔，导致企业的内在价值被贬损，或者因为一些暗箱操作创造出虚假的泡沫，让企业的股价短时间内高于内在价值，当投资者选择这样的股票时就买到了大麻烦。

巴菲特和几百位不同企业的独立董事打过交道，对很多企业高层的内幕都十分了解。在他看来，这些握有一定决策权的人必须以股东的利益为导向，这样才能确保企业对外形象保持在良好或者优秀的分数线上，才能源源不断地吸引投资者进入。反之，企业迟早都会陷入债务危机之中。

身为投资者，不能只关注投资对象的持续赢利能力，也要关注获得这些盈利时的负债水平。巴菲特认为，企业的财务杠杆越低越好，这意味着企业的财务运营状态是相对稳定的、相对可预测的，而如果过于依赖财务杠杆，总是想要通过借助外力来改变财务状况，稍不留神就会引发债务危机，而且杠杆越大负债率就越高。当然，根据一些现代企业经营理念来看，企业的负债率维持在10%到50%之间通常还算是比较合理的，不过这也只能作为一个参考。

以伯克希尔为例，它绝对称得上是一家优秀企业，它就很少使用财务杠杆，几乎很少借贷外债，所以公司的有形资产净值的收益率一度能达到22.2%（这是一个在业内值得称赞的数字）。

当然，好企业不欠钱并非说完全不存在借贷的情况，而是具备了一定的偿债能力。也就是说，自身的实力允许它在合理的范围内借钱，这个借钱真的只是短暂的资金周转，并非山穷水尽之后的拆东墙补西墙。符合这一条的企业会具备一个显著特征——收入多元化。

在巴菲特看来，哪怕是债务政策最保守、最不容易犯错的企业，也难免会因为一次意外而陷入破产的境地，比如2006年美国的卡米拉飓风就彻底摧毁了新奥尔良的电力事业。所以，如果该企业的收入来源比较丰富，就有可能从危机中走出来，反之就会困难重重。最典型的反例就是美中能源集团公司，他们遭遇了美国西部地区发生的地震，却没有被彻底毁灭，因为他们的收入来源是多元化的，能够抵抗偿债风险。

伯克希尔就是一个收入多元化的企业，其销售的产品跨度极大，从迪丽酒吧的冰激凌到波音737飞机的部分产权无一不包，这些优秀的子公司，等于给伯克希尔增加了很多道意外保险，使其无惧任何市场波动和意外危机。

现在投资者应该明白了，巴菲特并不是让你不买负债的公司，而是尽量选择偿债能力强的公司，因为现今时代和过去的最大不同点在于，很多行业处于转型发展时期，几乎每隔几年都会冒出"风口"的说法，有的是真风口，有的则名不副实，有些企业不辨真伪地一头扎进了所谓的"风口"，结果导致了企业的大起大落，其中大部分在负债的道路上越走越远。

2019年底，陕西坚瑞沃能股份有限公司旗下的子公司沃特玛被破产清算。沃特玛电池对外负债高达197亿元，其中拖欠559家供应商债权约54亿余元。要知道这家子公司曾经在业内声名显赫，它于2002年成立，是中国最早成功研发磷酸铁锂新能源汽车动力电池的企业之一，然而曾经的无限风光却因为持续的负债经营而一度跌入谷底，这个行业新秀因为战略性失误，盲目扩大生产规模，导致资金出现困难，进而造成各合作方的关系破裂，最后从2017年下半年彻底陷入债务危机。这种依赖于新能源业务的单一收入模式，也成为沃特玛无法走出绝境的主观因素之一。对此工信部的专家一针见血地指出："沃特玛之所以会陷入债务危机，是因为产品技术路线不对，相对单一……尤其是国家补贴政策调整后，其产品密度无法达到国家标准，导致客户不足，订单量减少，最终生产线停工。"

新能源是21世纪的风口之一，但很多企业因为无法认清自己，也无法预测未来，加上较弱的偿债能力，就会像沃特玛一样中道崩殂，所以普通投资者势必要把视线聚焦在"既能借钱又有能力偿还"的企业上，毕竟不是谁都能在风口上起飞的。

因为巴菲特对高负债率的恐惧，让他不像是一位现代企业家，而是具有一种古典派商人的风范，但也正因为这种来自20世纪的保守和古板，让巴菲特避免了一次又一次破产倒闭的危险。巴菲特的投资哲学就是利用无休止的"积累—投资—赚钱"这个闭环结构去增长财富，把风险控制到最小，终于建立起一个庞大且稳定的财富帝国。作为普通投资者，其实更应该学习巴菲特这种看似落伍、实则谨慎的投资策略，因为一旦选错了目标，可能再无翻身的机会了。

2.小心，销量大的企业可能是空皮囊

普通人在选择投资企业时，第一个想到的可能是品牌知名度，第二个想到的可能就是销售额，当然从本质上讲这其实是一回事：只有销量高、市场占有率大的企业才可能有较高的知名度。但销量真的和投资价值画等号吗？

对巴菲特来说，他很看重企业收入增长率的高低，因为这直接决定了投资该企业的回报率，但如果只能让他选择一个参考数值，他会更看重企业成本的高低。从表面上看，这是两个具有关联性的参考指标，然而从实际操作上看，收入高低往往决定的是企业赚多赚少的问题，但是成本的高低则直接决定企业是生存还是毁灭。

现代企业想要在技术上甩竞争对手几条街是不现实的，更多时候比拼的是成本。特别是新兴行业，大家都是新出现的品牌，谁也不比谁更有群众基础，掌握的技术水平也大体相当，那么成本低的企业自然就可以定制更亲民的价格，也就更容易被消费者接受。所以巴菲特坚定地认为：只要企业的成本被控制得足够低就能产生更多的利润，也能延长生命周期。

巴菲特在分析一家企业是否具有长久的竞争优势时，总会先从调查该企业的损益表入手，因为损益表能够帮助投资者直观地了解企业在某段时间内的经营状况。损益表又叫收益表，它是反映会计期间的收入、支出及净收益的会计报表，通常企业会在每个季度末期或者年度末尾公布这些信息。当然，企业能否赢利只是投资考察的一个方面，此外还要分析企业获得利润的方式，比如企业是否需要通过不断的技术投资来维系竞争优势、是否需要通过财富杠杆获取利润等。

一张损益表能挖掘出一家企业经济增长的原动力，而这也是巴菲特最在乎的。在企业的损益表中，通常总收入的下一项就是销售成本。销售成本可以是一个企业销售产品的进货成本，也可以是生产产品的材料成本和劳动力成本，倘若一个企业提供的是服务而非产品，"销售成本"就由"收入成本"去表示，从本质上看二者是相似的。作为一个合格的管理者，必须了解自家企业在计算销售成本时所包含的内容，这样才能知道如何进行成本控制。

我们知道巴菲特看重拥有特许经营权的企业，但毕竟这样的企业凤毛麟角，大多数企业为市场提供的不过是普通的、可以被取代的商品，因此必然会陷入激烈的市场竞争中，这就意味着大多数企业不可能随意提价，只能按照消费者的承受上限以及竞争对手的价格来定价。为此巴菲特感慨地表示："如果成本和价格根据非常激烈的市场竞争来决定，产品往往就会供过于求，顾客又不在乎产品生产厂商或销售渠道有什么不同，那么这个行业里面的公司日子肯定不会好过。"

问题来了，当市场行情十分友好时，企业之间的竞争激烈度会降低不少，但这也会刺激各家企业大胆地向前迈出一步，因为它们都希望通过扩张来建立规模效应，从而均摊因此付出的生产成本，形成强大的市场竞争力，但这样一来就会在产能上超出现有的市场需求，一旦市场行情稍微产生一点变化，需求就会下降，而产能是不可能马上被封禁的，这也就意味着所有企业只能降价促销。这样一来，市场价格就会降到企业的成本线以下，此时谁的成本最高谁关门倒闭的概率就越大，在这种残酷的红海竞争中，能够活下来的只有成本低的企业。

提到成本不得不注意一个问题：并不是销量大的企业成本就低。比如在零售领域，很多零售商看起来生意好，人气也足，市场口碑不错，有的甚至年销量在百万以上，然而资金经常紧张，大量拖欠上游批发商的贷款，造成这种因果不对称现象的原因就是总利润较低。比如一些农资零售店会通过价格战吸引农民用户，自然会引起消费者的疯抢，但是为了达到营销效果花费了高昂的宣传成本，结果就真的成了"赔本赚吆喝"。

零售商如此，其他企业也难免如此，尤其是那种通过烧钱吸引关注度的企业，营销成本高得吓人，虽然其销量可观却已经是在"割肉卖血"，这样的企业自然隐藏着极高的投资风险。

或许有人对成本这个概念比较模糊，不能很好地理解它在竞争中发挥的作用，我们通过一个例子来详细解释。一家文具公司如何计算其产品成本的呢？

文具公司的产品成本要从年初的文具存货成本入手，把年初的存货成本和当年所增加的存货成本计算在内，再减去剩余文具存货在年底的现值（指将来货币金额的现在价值，也就是说一批文具现在的市场售价是多少）。也就是，如果该公司在年初有1000万的存货，在此后一年中一共购买了200万的存货，到了年末，如果剩下的存货价值是700万，该公司在本期的产品成本就是500万。由此可见，成本如果被控制得足够低，存货的价值就会更高，而存货价值是和最终利润挂钩的，所以单纯看产品销量并不能判断企业的投资价值。归根结底，不能控制成本的企业，单是赢得了口碑和销量也只是打肿脸充胖子，接下来的路难以为继。

巴菲特之所以如此看中企业的成本控制，和他的两次投资失败有关。第一个就是前面提到过的伯克希尔纺织厂。当时他以为这家纺织厂在业内口碑不错，尤其是在美国男士西服衬里方面占据了超过50%的市场份额，还被评为"年度最佳供应商"，可以说在销量、市场占有率和口碑方面都具有强大优势，然而尴尬的是，巴菲特不敢提价半美分，因为顾客选择男装的前提是服装的品牌而不是衬里的品牌。也许你会认为，巴菲特何必非得提价不可呢，已经销量占优就保持现有的利润规模不好吗？事实上，伯克希尔的人工成本相当高昂，这也是巴菲特想要提价的初衷，但他无力解决这一块的成本问题，最后只能将整个工厂卖掉。

巴菲特的第二个教训是Dexter鞋业，他是在1993年耗资4.75亿美元收购的。这是一个美国的著名高档品牌鞋企，品牌形象好，市场占有率不低，销量也看得过去，然而这家公司同样是因为高昂的人力成本决定了在和海外品牌竞争时毫无还手之力。即便它的管理层是非常优秀的，但国外非常廉价的劳动力成为获胜的关键。

巴菲特用钱买来的教训没有白白浪费，他后来投资的盖可保险公司就成功地避开了成本劣势。众所周知，保险行业竞争十分激烈，一是因为保险产品极其容易复制，二是产品的供应在理论上是不限量的，因此核心的竞争就是成本。一般来说，保险公司主要采取代理销售，支付代理人的佣金一般会占到保费收入的15%。为了降低成本，盖可保险公司专注发展政府雇员作为主要用户。因为这些人通常做事谨慎，不容易干出醉驾之类的危险驾驶事件，而且他们大多数守在电脑前，只要通过邮寄信件就能和他们保持联络，沟通成本低，这样就节省了大量的代销成本，从而降低产品的售价吸引更多的客户，并且回头客数量很多。

相比之下，盖可保险公司的竞争对手们却思维保守，不想放弃原有的代理分销渠道，因为他们不想失去"原有的市场占有率"，结果为了这么一个看似重要实则拖后腿的数据长期被盖可保险公司打压，使其一直保持成本优势，终于在容量巨大的汽车保险市场中存活下来，通过灵活的经营方式将自己打造成一个保持低营运成本的公司，为广大客户创造了非同寻常的价值，也为股东提供了非同寻常的回报。

巴菲特在1986年的年报中，认为盖可保险公司成为世界业绩最突出的保险公司主要得益于成本优势，甚至超过了伯克希尔的经营纪录，因为将营运成本降到最低，才让它在汽车保险市场中独树一帜。

巴菲特的教训和经验，总的来说抓住了一点，那就是企业是否具有提价能力。只有当成本够低的时候企业才具备这个资格，因为你的成本原来就低于竞争对手，所以在打价格战时优势就相对明显。从这一点看，巴菲特还是希望自己投资的对象具备"伟大的企业"中的某一条特征，而提价权就是实力的证明，也是长期盈利率和投资回报率的侧面展示。当然，提价权可以通过低成本经营去弥补，这样你即便手握一家没有特许经营权的企业，在面对市场和竞品时也有了生存的底气。

3. 留意"管理费用"和"营业费用"

如果你想像巴菲特那样，成为一个善于挖掘"伟大的企业"的星探，那么就要清楚什么样的企业具备成为"伟大的企业"的潜质。正如寻找一个日后有潜力但当前默默无闻的种子明星一样，究竟值不值得投资，其实可以从一些指标入手寻找依据。对此，巴菲特给出了两个关键数值：管理费用和营业费用。

先来看管理费用。为何巴菲特关心这个指标呢？因为管理费用决定了公司的运营成本，而成本竞争向来是巴菲特看重的市场制胜因素之一。

管理费用是指企业行政管理部门在管理和组织经营活动时产生的各项费用，如公司经费、工会经费、劳动保险费以及咨询费等。在所有费用的增长中，最让巴菲特讨厌的就是管理费用增长，甚至可以说是深恶痛绝。

巴菲特为何如此讨厌管理费用增长呢？他曾经在1992年特别讨论了伯克希尔的管理费用："1992年我们的税后管理费用开支占报告营业利润的比率不到1%，占透视盈利的比率更是低于0.5%。"在巴菲特看来，管理费用就像一张无形巨口，总会在不经意间吞噬掉公司的利润，所以巴菲特为了减少管理费用的支出，不在伯克希尔公司设立法律部门，也不设立人事部门，更没有投资者关系部门，甚至连战略规划部门这种看似必须存在的也给省略了，因为这代表伯克希尔节省了警卫、司机以及一大批后勤人员的开支。

巴菲特是如何判断管理费用是否增长的呢？他用管理费用占营业利润的比率来衡量。他还举例说明：一些公司的管理费用占营业利润的比重超出了10%，几乎相当于拿走了公司业务十分之一的税，极大地损害了公司的盈利，也贬损了企业的价值。具体解释就是，如果A企业的管理费用占营业利润的10%，B企业的管理费用占营业利润的1%，虽然他们赚取的营业利润一样，A企业却因为管理费用开支过大给投资者造成9%以上的价值损失。

巴菲特经过多年观察发现，一家企业的总部高管理费用和企业的高业绩没有必然联系，也就是说不要以为在管理上投入巨资就能提升企业的收益。相反，越是组织机构简单、管理费用越低的企业，运营效率往往会远超那些规模庞大的巨型体量公司，像沃尔玛、钮可钢铁这些行业巨头就能以较低的管理费用维持较高的收益并长期屹立不倒。

巴菲特有多在意管理费用呢？1998年他甚至专门报告公司总部增加了一个员工，可见他对管理费用的控制到了多么细致的地步。这一原则也被他持之以恒地贯彻。2009年伯克希尔收购伯灵顿铁路公司以后，其下属的公司和经营机构达到了几百家，员工总数增长到25.7万名，然而公司总部却只有20个员工，可见巴菲特对人员和岗位的精确计算已经到了极限。

虽然巴菲特敏锐地意识到管理费用不能过高，但很多上市公司的管理费用占营业利润的比率依然超过10%，而低于这个比率的寥寥无几。从这个角度看，投资者应该依此为切入点选择那些轻组织结构运营的企业。

其实，判断一家企业是否在管理费用方面投入较少并不难，最典型的就是看企业的硬件水平，比如有的企业没有建造气派的办公大楼而是简单租用了写字楼，空间利用率高，装修简朴甚至不装修，加上日常办公十分节省，对每一笔花销都十分谨慎，那么这样的企业大多都会严格控制管理成本的支出。相反，那些喜好讲究排场、铺张浪费、人浮于事的企业，管理费用这一项必然十分可怕。

除了管理费用，巴菲特对营业费用的管控同样严格。

营业费用是指销售商品过程中所产生的费用，包括但不限于运输费、装卸费、包装费以及保险费等，基本上和销售有关的费用都属于营业费用。从宏观上看，营业费用和管理费用都在成本费用这个大项中，只是为了实施精准化管理才单独把这两项列出来，既是让企业的管理层有清晰的认识并便于控制，也是给广大投资者具体的两个参考数值，否则只用笼统的成本管理是难以区分企业在这方面的统筹能力的。

虽然营业费用是在企业运营中不可避免产生的花销，但是这部分费用是可以且必须控制的，因为它直接影响到一家企业的长期经营业绩。比如在1989年，巴菲特在给股东的信中提到了一家名为波珊的珠宝店，这个店铺品类丰富、销量惊人，却出色地控制了营业费用，在这方面的投入仅为同类型珠宝店的三分之一，所以该店铺出售的珠宝也具备了价格优势，这种良性循环让该店在旺季的单日人流量达到了4000人。

如果营业费用过高，就会对企业的整体效益带来严重的冲击。以中国的江中药业为例，在2005年的时候其主营业务收入是9.8亿元，毛利润是6.3亿元，然而因为花费了大量的资金在广告投放和渠道建设上，最终营业费用高达4.1亿元，占到了毛利润的65%，让一个本来整体效益还不错的企业承担了高昂的成本。如果不是体量足够庞大、品牌价值高，它可能早就出现资金缺口而带来严重的财务危机。

在企业的日常运营中，无论是营业费用还是管理费用都不容轻视，在巴菲特看来，一个足够伟大的企业是可以控制这些成本投入的，也只有这些懂得控制运营成本的企业才有资格存活于残酷的市场竞争中。

值得注意的是，一些投资人觉得管理和营业费用不必过于计较，但他们忽略了外部条件，如果是在利润下滑的时期，自然是花费越少越好，否则企业面对的就不是财务问题而是经营存续的问题。所以，巴菲特给自己的投资目标设定的要求是，营业费用和管理费用要控制在毛利润的30%以下，如果一家企业的相关费用占到了该类费用的80%，投资者就可以直接跳过这样的企业了；如果整个行业该类费用占比超过了80%，这个行业也可以直接放弃了。

巴菲特从多年的投资经历中发现，成本费用管理是符合马太效应的，如果一家公司的经营成本很高，那么公司的管理层总会找到各种各样增加管理费用支出的花销，而如果一家企业一直严格控制经营成本，那么它只会不断寻找更多降低成本的办法。从这个意义上讲，不懂控制管理费用和营业费用的企业，基本不要指望它会在未来某一天迷途知返。

巴菲特表示，他每天都在通过各种方式减少不必要的成本支出，同时改善产品和服务，这样才能增强企业的竞争力，而如果只关注产品本身却不在意成本开支，就无法真正建立起核心竞争力。在他看来，这也是扩宽企业"护城河"的一个重要步骤，这对于打造一个长寿型的企业至关重要，因为你可以从成本管理上预测出未来10年甚至20年的发展方向，而如果不加以控制，恐怕在很短的时间内就会陷入经营不善的困境。对投资者来说，关注善于控制管理费用和营业费用的企业才是投资的正确打开方式。

4. 警告：玩"黑科技"的企业不要碰

如今是高科技飞速发展的时代，技术革新甚至成为一些企业的对外口号，也让科技股一度成为投资者关注的热点，不过在巴菲特看来，这种打着产品迭代旗号的企业，往往隐藏着巨大的风险。

巴菲特对好产品的定义是，变化小又具有明显竞争优势，这样的企业未来的发展更容易被预测，也更加有安全感。

2000年5月4日，伯克希尔公司收到一份陌生的传真，对方提议伯克希尔参与收购一家默默无闻的企业，巴菲特表示除非情况特殊，否则伯克希尔不会和别人一起投资，但如果把相关资料发过来他会愿意看看。结果出人意料：巴菲特在看过对方发来的资料后忽然兴趣大增，拿出5.7亿美元收购了这家公司，而这家公司生产的产品是砖块。

一家砖块公司为何值得巴菲特投资呢？要知道砖块和"特许经营权"没什么关系，跟"伟大的企业"也丝毫不沾边，但是巴菲特不这么认为。原来经过他考察，发现这家生产砖块的企业业务构成非常单一，不存在技术迭代，就是生产着一成不变的砖块。看起来这是一家毫无"科技感"的企业，但它的年产量超过10亿块砖，占当时美国砖块总产量的11.7%，而且具有明显的区位优势——砖块不便于长途运输，换句话说就是在地方市场具有不可替代性。后来巴菲特不无遗憾地表示，如果早知道这家公司早就收购了，他保证这家公司让硅谷的那些高科技企业为之汗颜。

需要注意的是，巴菲特并不是不看好高科技产业，而是从投资者的角度看，科技型企业未必是最佳选择，不如选择那些业务和技术都相对简单的企业，让投资者"简单易懂"。

一家企业的产品变化不大，并不意味着会被时代淘汰，像砖块这类产品，虽然也会注入一些现代技术，但就整体而言进步不大，这也就从客观上决定了它的稳定性，而稳定就代表着易被预测，也代表着可能获得长期的回报率。反观所谓的科技类企业，它们需要投入大量的资金在研发部门上，因为这关系到它们未来的发展态势，然而一旦发生技术领域的突发事件，比如某项技术被证明不可行或者有新技术突然出现吊打全行业，那么一部分科技型企业就可能一蹶不振，所以投资者尽量不要触碰这些高额投入的企业，巨大的投入就是其致命的竞争缺陷。

英特尔是全球知名的中央处理器制造商，它的竞争优势是半导体芯片技术，其产品曾经一度达到近80%的市场占有率，几乎独霸了CPU市场。按理说达到这种程度，英特尔的利润应该很高，但计算下来也仅仅达到了商界的平均水平，这主要是因为其高昂的研发费用。即便如此，英特尔的老对手AMD也在步步紧逼，最终在2020年抢到了50.8%的市场份额，而英特尔的市场份额则降到了49.2%。由此可见，高科技企业花费高昂的投入也未必能确保领先优势，这对于投资者而言是无法抹去的恐惧。

正是出于对高投入和高风险的恐惧，巴菲特才把"持续的竞争优势"看成是投资首选的要素，比如可口可乐，它不需要有什么技术迭代，相反它必须保持原有的工艺、确保带着情怀的原有口味才能让消费者买单，否则就意味着品牌的消亡。

有人认为，巴菲特是不懂现代科技所以才回避科技股的，其实，只要巴菲特愿意投入时间和精力，他完全有机会深入了解一家科技型企业，但是这违背了他只投资业务简单和熟悉的行业这一原则。相比于生产普通产品的企业，科技型企业的知识更新速度过快，行业洗牌频率更高，像巴菲特这样的大师都不易把握，那么普通投资者更是不要轻易触碰。

巴菲特强调的"简单"和"熟悉"，从本质上讲是一个意思，因为大多数投资者不会像巴菲特那样拿出几十年的时间去研究几个固定的企业，他们大多数是在别人的介绍或影响下进入投资领域的，时间和精力都有限，能够在短时间内熟悉的企业只能是产品简单的。这样对比之下，那些大搞黑科技的企业就很容易让投资者迷茫。

痴迷于科技型企业，或许对一些人来说更像是在寻找刺激，因为没有几个人会对一个只卖砖块的公司产生浓厚的研究兴趣，因为它身上不具备任何"亮点"，所以人们才更关注那些经常被热议的科技型企业。但投资毕竟不是玩游戏，如果为了追求刺激搞投资，必然会犯下不该犯的错误。

当然，也有一部分人认为，虽然科技型企业投入高，可一旦积累了技术优势之后，比如申请了多项专利，似乎也意味着掌握了竞争优势，难道符合这样条件的企业也不值得投资吗？在巴菲特看来，但凡依靠专利或者技术优势的企业，并非真的掌握了竞争优势。比如一些制药企业都握有大量的专利，可是当专利保护期到期以后，这些竞争优势就消失了，而且很多科技型企业的技术领先仅仅是暂时的，被对手赶超很可能就在一瞬间。这种不确定性更加剧了投资风险。企业为了对抗这种风险，只能不断投入资金去保持竞争优势，这就增加了研发成本，降低了企业的长期回报率。

默克尔公司是全球知名的药企，每年在研发新药上的费用投入为毛利润的29%，这个比例虽然不算难看，但默克尔为了不断研发新产品就要反复设计和升级其产品销售计划，这就造成默克尔的营业费用和管理费用占毛利润的49%。加上前面的研发投入，其毛利润的78%就这样被消耗光了。但默克尔公司能够轻易减少研发预算吗？显然不能。一旦削减研发投入就意味着它失去了站位行业前端的竞争优势，因为别的药企还在研发新产品，而默克尔自身的专利权也存在着期限。

不必经常搞研发，这是一个企业对投资者最好的承诺，因为投资者可以不必担心竞争对手突然给你致命一击，你只需要按部就班地把产品和服务做好。

作为投资者，要首先认清自己的能力，因为每个人都有各自熟悉的行业和领域，时间和精力也有限，盲目地追赶所谓时代的浪潮是不现实的，所以巴菲特才不愿意花费时间去了解一个听不懂产品内容的企业。这不代表他不愿意学习，而是始终保持克制。更何况一些主打科技的公司喜欢故弄玄虚，有意去说一些让外行听不懂的话，这就更增加了投资者进场的风险。

不过，巴菲特对科技型企业也有着严格的区分，那些技术含量并不高或者技术概念容易理解的企业，他也会有投资意向。比如他在收购企业主管飞行公司时，虽然也是科技型企业，但该公司的总裁只用了15分钟就让巴菲特了解了基本的业务情况，没有任何"炫技"的表达和"超越现实"的内容，所以巴菲特可以凭借以往的经验去判断该公司是否值得投资。后来伯克希尔就出资7.25亿美元并购了企业主管飞行公司。

通过这个案例不难发现，不是巴菲特对科技企业心存偏见，而是这个行业中的确有一些不愿意脚踏实地、喜欢画大饼的滥竽充数者，其存在给投资者释放了一片浓厚的迷雾，让他们在做出判断时遇到了障碍，很难获得接近真相的信息。既然现状难以改变，那么作为投资者就不要费尽心血去甄别这些科技企业中谁是实干家、谁是造梦家，而是直接选择生产简单产品的企业，这就是巴菲特对投资者最犀利的提醒。

5.财务都不自由的企业凭什么跟进？

近几年，财富自由成为很多人奋斗的目标，甚至还衍生出了车厘子自由、睡眠自由等，从本质上讲都和物质积累有关：当一个人足够有钱时，就可以随心所欲地做想做的事情。对人而言如此，对企业来说，财务自由同样也代表着经营和发展上升到了新的阶段。

巴菲特认为，一个企业是否值得投资，主要看该企业的自由现金流是否充沛。为此，他引用了《伊索寓言》中的一句话："两鸟在林不如一鸟在手。"这句话很好理解，鸟再多但不受自己控制是没有什么意义的，而鸟再少却被自己掌控，这个才能产生价值。如果把树林看成准备投资的待选企业，自由现金流就相当于树林中的鸟，投资者只有以最低的成本捕获最多的鸟，才能赚取到最高的回报。

当然，抓住林中的鸟并不是一件容易的事，你需要知道树林里大概有多少只鸟、这些鸟会在什么时候出现。第一个问题关乎你对某一只股票的投资价值，第二个问题关乎你能从中获得多少回报。除此之外，最应该考虑的就是捕获鸟的成本，如果你以高于内在价值的代价购买了一只股票，成本就增加了，回报就降低了，甚至是亏本，反之就是划算的买卖。

一些股票分析师经常用所谓的技术指标去判断一只股票是否值得投资，常见的参考数值有成长率、本金收益比等，看起来很专业，其实实用性不强。在巴菲特看来，这些指标无法预测一个企业在未来的现金流状况，除非能够提供一定的线索，不然只能误导投资者。

自由现金流为何如此重要？因为它代表着一个企业是否实现了财务自由。想想看，如果伯克希尔现金流匮乏，在特殊时期看到了股价远远低于内在价值的企业却无力收购，这就直接削弱了伯克希尔的赢利能力，更会降低其在行业内的声望，无论是有形资产还是无形资产都受到了严重影响。

可惜的是，如今的股票市场上，不少人还是信奉投机主义，也就是不关注投资对象本身的潜质，只为了赚钱。信奉这一原则的人懒得去关注一个企业是否实现了财务自由，他们在意的是会不会有人高价买走自己手中的股票。然而这正是巴菲特唾弃的投资理念，因为这等于一片树林中没有鸟或者只有寥寥几只，投资者花费了高昂的捕获成本，要么无功而返，要么得不偿失，所谓的投资目标不过是一片死寂的空树林，怎么可能从中获利呢？

自由现金流的重要之处在于，当投资者在筛选投资对象时，往往会把目光聚焦在企业的增长率、成长率这些数值上，而一些所谓"专业"的股票分析师也会添油加醋地说这些数值意味着什么，然而实际情况可能会截然相反。

巴菲特不止一次叮嘱股东，伯克希尔一直在努力寻找的就是能够在特定行业中具备长期竞争优势的企业，符合这个要求的企业并不需要有什么成长性，因为很多时候成长性意味着需要不断投入资金去催化，这样才能确保以原有的速度成长，一旦断供就会发生可怕的事情。最典型的就是美国航空公司，从纸面数据上看它有着高增长率，但是需要不断投入资金，手头几乎没有闲置资金，只要有钱就马上去填各种坑，巴菲特就因为错误选择了这家企业，蒙受过损失。

只要它能够源源不断地产生自由现金流就属于可投资的对象，因为伯克希尔可以借助这家企业的自由现金流注入其他企业中，一样可以赚取利润。

为了便于理解，我们形象地描述一下：有两片树林A和B，分别代表着两个企业，A树林鸟很多，但是树种很普通，没有什么经济价值；B树林鸟很少，但是树种比较珍贵，却因为虫害可能会被毁掉，那就不如把A树林的一部分鸟放到B树林中繁殖栖息，既没有让A树林遭到毁灭性的打击还拯救了B树林。这就是巴菲特关注自由现金流充沛的企业的原因，但实际上A树林的战略意义要超过B树林。

如果把企业看成人体，那么现金流就相当于血液。如果一个企业只能通过从外部注入现金流的方式维持存活，注定活不长远，只有让血液充分流动起来，形成强大的内循环才能真正对抗疾病和意外伤害。一个伟大的企业并不会总是依靠外部输血才能维持业务的正常运行，只有自由现金流充沛的企业才配得上"伟大"一词。

通过观察伯克希尔的成功之路，我们就能明白巴菲特的这一论断的正确性。伯克希尔的股价之所以位列全球第一，就是因为它拥有充沛的现金流，所以巴菲特才能"任性"地在股市低迷时抄底内在价值高于股价的股票。

自由现金流能够从侧面证明一个企业的现金实力，这就像同样可以买得起1万元商品的两个人，一个人是用存款，另一个是刷信用卡，前者只是花费了自己以往的积蓄，而后者却在透支未来的收入，必然会在未来的某一段时间里节衣缩食，而拥有现金实力的企业就是前者。

巴菲特在1996年写给股东的信中讲出了伯克希尔的一大优势：客户相信他们的能力，知道即使在最糟糕的境遇中伯克希尔也会兑现付款的承诺，哪怕是遭遇猝不及防的金融危机，伯克希尔也能比那些享有盛誉的保险公司更靠谱，因为伯克希尔的现金实力很强。

巴菲特披露的这个优势并非在炫耀，而是从侧面说明伯克希尔与股东们的绑定深度，让股东不会轻易放弃与这家公司合作，因为伯克希尔能够承担其他企业难以承担的风险。

2003年，百事可乐打算组织一次中奖活动，每位参加者都可能获得10亿美元的大奖，但因为不是一笔小数目，百事可乐就想到了伯克希尔，让其承担这次中奖活动的风险（保险合作的一种，类似于对赌）。最终10亿美元的大奖没有被幸运者拿走，但伯克希尔却从中大赚了一笔。当然，如果真的有人抽到了大奖，伯克希尔就算是分期也要马上拿出10亿美元，这种雄厚的现金实力决定了一般企业无法和伯克希尔参与大项目的竞争。自然，像百事可乐这样的巨头也更愿意和伯克希尔合作。

对企业来说，财务自由永远是硬实力的象征，也是投资者不该忽视的优势。巴菲特曾经出资2.3亿美元购买了一家名叫斯科夫·费策的公司，在15年里就赚到了10.3亿美元，而这一笔钱又被巴菲特投入其他企业中，最终又赚回了几十亿美元。如果把企业换成股票，那么一个普通的投资者同样能获得丰厚的回报。

财务自由，看起来是从属于经营领域的行为和现象，其实和管理也分不开，因为只有现金流充沛了，才能更好地进行资金分配，从而提高企业管理水平。举个例子，甲和乙的消费大体相当，但甲的收入更多，消费之后有大量的盈余，那么甲就可以进行财富管理，而乙除去必要的开支后所剩无几，自然就懒得进行财富管理。久而久之，甲就会提升财富管理能力，而乙只能勉强维持收支平衡，而和财富管理渐行渐远。

对个体而言，不懂得管理财富是很可怕的事情，对企业来说更是如此。企业的自由现金流充沛了，才能关注如何分配资金的问题，而在这个过程中就可能发现新的投资项目，也可能建立更好的内部资金分配机制，从而促使企业的生命周期得到延长。显然，这种后劲十足的企业，是非常符合价值投资理论的，因为它们的内在价值可能会持续增长，但它们的股价未必会跟上，这就给了投资者宝贵的购入机会。

财富自由是个体的终极目标，而锁定财务自由的企业，就是实现这个目标的最佳途径，如果投资者把自己的财富困境代入企业中，相信会很快找到能够走出该困境的企业，因为它清晰地为投资者指明了一条破局之路。

6.你看到的报表未必是真报表

财务报表是考察一家企业运营状况的重要窗口，对判断投资价值非常有用，不过现实的情况是，在参股一家公司之前，很难看到完整、细致的报表，而一张简略的财务报表呈现出的笼统数字，很难依照会计原则从中进行有价值的分析。当然，即便如此，投资者也不能放弃了解一张报表呈现的部分真实信息。

投资者到底应该如何去了解一张报表呢？按照巴菲特的观点，投资股票关注的是一家企业的长期赢利能力，不过这个能力未必都能通过财务年报来反映，特别是对于不具备财务基础的投资者来说，即便有机会看到全部也无法做出判断。事实上，即便是巴菲特这样的投资大鳄，有时候也会在阅读财报时受到权限的制约。比如伯克希尔拥有美中能源集团公司（这是一家拥有许多不同种类公用事业企业的控股公司）80.5%的控股权，该公司剩下19.5%的股权则属于伯克希尔公司的三位合作伙伴，其中一位是巴菲特的好友沃尔特·斯科特。从表面上看，伯克希尔已经拥有绝对的控股权，但是根据相关规定，伯克希尔在该公司中的投票权上限是9.9%，这就意味着沃尔特·斯科特反而拥有绝对控股权了，因为他是剩下的三个人中股权最多的。这样的后果是什么呢？伯克希尔只能将控股公司的一小部分的利润、损益以及债权债务反映在母公司的报表上。如果有人通过伯克希尔去了解该家企业的股票是否值得投资，在如此有限的信息下可能会扭头就走，这样的报表自然就失去了参考价值。

其实，伯克希尔的遭遇也是其他上市公司的遭遇，这就在广大投资者当中建立了强大的信息壁垒和信息割裂，让他们无法了解报表是否反映出公司的真实盈利状况。正是这个原因，让伯克希尔在1982年的时候遭遇业绩下滑，因为公司持续增加了在不具备控股权方面的股权投资，导致年报十分"不好看"，市场的形象和品牌的口碑受到了挫伤。

当然，这种扭曲的信息表达也并不意味着投资者无从下手，可以反其道行之，先看结果，再通过一个换算工具由假结果计算出一个真结果。

以伯克希尔为例，由于母公司只能将持股比例超过20%的股权投资，依照持股比例把投资对象的利润写进母公司的财务年报上，当持股比例没有超过20%时，就只能将实际收到的现金分红反映在母公司的财务年报上，那么如果子公司推迟分红或者不分红，母公司的财务年报上就无法反映出现实的盈利水平。简单说就是，持股比例决定了上报盈利的多少，而这个比例可能在1%甚至更低的差距之中，但是最终呈现出的数字却有着完全不同的价值。

我们再来看一下伯克希尔和盖可保险公司的关系，母公司的持股比例是35%，但因为已经把这部分股权所对应的投票权委托给了别人，意味着其持股比例又低于35%，因此只能将实际收到的现金分红反映在伯克希尔的财务年报中。这相当于一个放债人把一笔巨款借给某人并将管理权交给自己的助手，但放债人所能证明的不是全部的债务和利息，只能是直接交给他的那一部分所产生的利息，对比之下差距巨大。所以，伯克希尔1982年的财务年报就非常滑稽：按照实际持股比例，盖可保险公司应该分配给伯克希尔2650万美元的利润，但因为存在投票权委托，最后只给了伯克希尔350万美元，反映在伯克希尔账面上的业绩就很不堪。

上述案例对投资者的最大启发是，不要只关注账面上的业绩是否好看，要首先弄清这背后的分配关系，从而判断出这是否能真实反映母公司或者子公司的财务现状，如果只盯着"350万美元"，那就可能把伯克希尔看成一家平庸无奇的企业了。

当然，这种复杂的财务核算不是每个投资者都能掌握的，所以巴菲特给投资者指明了另一条出路：投资者在阅读年报的时候要特别注意将每家投资对象所实现的未分配利润全部计算在母公司的账面上，不用去纠结投资比例的大小，因为利润收益才是关键指标，也是你决定是否投资该企业的有效参照数值。

当然，巴菲特这个简化的办法依然存在困难，因为投资者很难得到一家企业所有被投资对象的财务年报。这里就可以采用一个更简单的办法解决：每年公司分红和送股后都会进行股价除权处理（是指股票发行公司给股东配发股票股利期间，该股票的上市交易价格一般要除去发行公司配发给股东的那部分权值），这时你只需要将股价进行精确复权（对股价和成交量进行权息修复，也就是尽可能地还原股票的实际涨跌情况），就能计算出投资者该分到多少红利，这就免去了一笔笔计算未分配利润的麻烦。当然，中国目前也不容易找到可以实现这种核算目标的应用软件，投资者只能尽量去获得一些公司分红的经济情报。当然，如果你实在觉得无力计算，那就避开这种投资对象过多的母公司。

如果说上述提到的报表假象只是客观上的真假难辨的话，那么还有一种假象就是主观上的有意造假了。因为企业的管理者都知道上市公司的财报分析是很多投资者关注的问题，为了获得好看的经营业绩，他们会主动为财务蒙上一层神秘的面纱，有意让财务状况变得云遮雾罩。比如，一些企业明明亏损，却在账面上避开了亏损的内容，后者为了维持与满足配股的最低条件，把小盈利改成了高收益，还有的是刚刚配过股，本来在当年是不能再次配股的，为了保持足够的发展后劲将大盈利缩减为中盈利或者小盈利……一句话，为了满足企业自身的需求，各种造假手段无所不用其极。

客观上的假象和主观上的伪造拼接在一起，呈现给投资者的就是一张充满玄机的报表，让人根本无从下手，这对想要长期研究某个企业内在价值的投资者来说造成了严重的困扰，为此巴菲特提醒人们从三个方面入手。

第一，学会辨别真假利润。

尽管报表上可以对利润进行"涂抹"，不过仍然可以从一些细节入手展开分析。比如，报表上显示企业的净利润来源于非主营利润，这就值得怀疑；再比如，企业的经营环境一如既往却突然在某个时间段收益大增，这也一样不正常。所以，当投资者发现这类异常状况时，就要特别小心，避免被报表上的虚假信息欺骗了。当然，有些异常现象也是正常的，比如企业发生了重大的资产置换（主要指上市公司控股股东以优质资产或现金置换上市公司的呆滞资产），之前注册的主营业务还没有改变时，这时新的产业方向所带来的收益也会计入非经常性损益中，这时企业的收益突增就是合理的。所以，在分析报表的同时也要关注该企业发布的消息和相关新闻，综合判断才能更加准确。

第二，分析应收账款。

应收账款是指企业在正常的经营过程中因销售商品、产品、提供劳务等业务，应向购买单位收取的款项，比如代购买方垫付的包装费等。如果报表中反映的应收账款绝对值和增幅巨大，周转率很低，这就说明企业在账款回收上遇到了严重问题。一般来说，巨大的应收账款会无情地吞噬掉企业投入市场的资金，这就埋下了巨大的隐患。对于经营状况健康的企业来说，日常经营活动产生的应收款是比较分散的，总是能通过正常的业务关系回笼，可如果被某些大股东以不可告人的方式拿走了，就会出现增幅巨大、周转率低的现象，这种情况下想要通过现金偿还是非常困难的，很容易形成呆账或者坏账，甚至无法收回。

第三，分析现金流量的净额。

现金流量净额就是每股经营活动产生的现金流量，是每股收益的重要补充指标和现金保障。通常情况下，每股经营性现金流量越高，就意味着该上市公司的资本赢利能力越强，而一般来说，每股经营现金流量相当于每股收益，这样才能让上市公司在报告期内经营活动产生的现金净流量满足本期现金股利的支付需求。自然，净额的高低也就决定了上市公司投资价值的大小。

在实际操作中，投资者不必费尽心力地研究企业的整个财务系统和所有报表，而是聚焦在几个关键点上，掌握一些实用的小窍门就足够了。比如绕开报表去调查企业的存货，如果存货增加很多，就代表了存货周转率下降，这意味着公司的销售环节出了问题，可能是原材料增加了，也可能是产品质量出现问题。

有关财务的报表专业性很强，如果投资者在这方面不具备基本的常识，那就要找相关专业人士帮助自己分析，切勿想当然地自行分析，草率地做出判断，这可能会让一些原本有投资价值的企业被认为名不副实。毕竟，客观假象和人为假象都是无可避免的，提前做好认知上的准备就能降低被欺骗的概率。

第
七
章

投资者思维：集中投资要胆大心细

1.冷静3秒，先摸透市场的脾气

炒股时间越长的人，往往越有这样的体验：炒股就像是社交，我们面对的不是一个死板冰冷的代码，而是一群反应迅速且狡猾善变的人。每一只股票几乎都可以体现出一类人格，有自己独特的脾气与个性，而那些炒股经验丰富的人，总是能深切地感受到股票之间在"脾气"上的差异，却只有极少数专心研究的人能够利用股票的不同个性来寻求获利的机会。

事实上，不仅股票存在着拟人化的个性，整个股票市场也是如此，它甚至不是若干人格的几何体，而是一个完整而独立存在的特殊人格，这种人格就造成了股市的波动。

很多投资者对股市的波动存在着错误的认识，这种认识是带有强烈主观色彩的，特别是在股票大厅活跃的年代，每逢大盘走势看低，随便进去转一圈就会被沮丧、失落甚至是绝望的情绪所包围：有急于抛售的，有犹豫不决的，也有四处打听内部消息的……在巴菲特看来，这是因为他们没有了解股票市场的脾气。这里不得不提一个有关"市场先生"的故事。

"市场先生"是格雷厄姆的一个著名比喻，他把股票市场比喻成一位市场先生，这位先生的特点是喜怒无常，而且每天都会出现，如果他高兴就会报出一个很高的股票交易价格，这是因为他觉得该股票值这个价钱，至于投资者能不能接受是另一回事。同样，如果他悲观的时候，就会报出一个很低的股票交易价格，因为他觉得只能卖到这个价位，至于投资者能否接受也无所谓。总的来说，市场先生是非常任性的，他不管投资者怎么看待股市，也不管上市公司业绩如何，他每天就是要按照自己的心情报出一个不稳定的价格来。

其实，格雷厄姆的描述把市场先生的讨厌之处刻画得淋漓尽致，从侧面提醒大家不要受到他的蛊惑，而巴菲特正是接受了这个观点，所以无论市场如何波动总是能够沉住气，始终关注股票的内在价值而不是市场先生给出的情绪报价。巴菲特之所以有如此坚定的信念，是因为格雷厄姆强调：市场先生会服侍你，只是不会指导你如何去做，作为投资者关注的是市场先生的钱包而不是他的指挥棒，如果做不到这一点就不要炒股。

巴菲特和芒格在长期的股票投资实践中得出结论：短期内股市是一台投票机，而从长远来看它是一台称重机。投票机是指人们在失去理智下盲目购买股票的行为，已经忽视了客观事实，而称重机才能真正衡量出企业的内在价值而非不断变化的价格。因为市场先生的喜怒无常，巴菲特等待的就是当他表现得愚蠢至极的时候以低价格购买高价值股票。

投资者可以大胆，也可以狡猾，但前提是必须了解市场的规矩，只有在遵守规矩的前提下才能得到自己想要的东西。格雷厄姆说过，要把市场波动看成朋友而非敌人，因为有波动才有差价。

当然，每个投资者都害怕有风险，即使再大胆也要考虑减少风险，所以格雷厄姆才不断强调"安全边际"。对此巴菲特的理解是，安全边际是股票投资中最重要的概念，它作为理性投资的基石将会永远存在。

我们知道，安全边际可以理解为现有销售量或预计未来可以实现的销售量同盈亏两平销售量之间的差额，它是保证投资者将失败风险控制到最低的实用工具。在格雷厄姆的著作《聪明的投资者》一书中，巴菲特挖掘出三条真理：第一，在投资组合时要考虑到安全边际；第二，要关注股票未来给你带来的利益而非眼前；第三，市场先生既疯狂又忧郁。

在巴菲特看来，市场先生很像是一位醉汉，他可能把口袋里的钱都掏出来给你，也可能向你蛮横地索要钱财，但是醉汉总有清醒的那一天，这就正好对应了格雷厄姆的观点——股票的价格最终必然会与其内在价值相适应。不过问题也来了：市场先生究竟什么时候能恢复正常呢？这个带有不确定性，因为每个醉汉的酒量不一样，也不是谁都有耐心等到醉汉清醒，那么为了避免在这个等待阶段出现意外，就要设定安全边际。

巴菲特认为安全边际对任何股票都是必需的，即便是绩优股也会因为买入价格过高缺乏安全边际，更何况影响股价的因素很多，而投资者总有预测失误的时候。为此，巴菲特曾经向大学生提问："如果你们想拥有一辆汽车会选哪个品牌呢？"大家纷纷议论当前流行的品牌，这时巴菲特忽然提醒大家："我还有一个限制条件，那就是你一生中只能拥有这一辆汽车。"大家顿时都安静下来，这时巴菲特说："如果终身拥有一辆汽车，只能调整选择思维，要关注的是经久耐用和维修成本而非外形是否靓丽。"

安全边际对股票投资是非常重要的，因为市场先生的脾气难以捉摸，但这并不代表投资者永远是被动的，因为巴菲特对"市场先生"的理论进行了发展，他认为"市场先生"的性格并不完全是讨厌的，他还有一个隐藏的优点：从来不介意别人是否对他冷漠。当市场先生报出的价格你不能接受时，你大可以不去理会，也许到了第二天他的新报价就会按照你的意愿，也就是说你越冷静他就会越躁动，对你就越有利。从这个意义上讲，安全边际就是让你有底气和市场先生博弈的前提，你可以把它看成一个物理上的安全距离，在这个范围内市场先生不会突然暴怒而殴打你，又不会因为你彻底远离他而转身离开。

市场到底有没有脾气，其实这是一个存在争议的问题。在20世纪60年代，美国芝加哥大学财务学家尤金·法默提出了"有效市场理论"，认为在一个充满信息交流和信息竞争的社会，一种特定信息可以在股市上被投资者快速捕获，而接下来的金融产品市场竞争将在价格上充分反映出这种信息，投资者根据这种信息就能赚取平均市场报酬率。

对于"有效市场理论"，巴菲特是嗤之以鼻的，他坚信市场是被一个阴晴不定的市场先生控制的，而非一套约定俗成的规则，因为市场的瞬息万变根本反映不出有哪些固定的规则。假设有效市场理论正确，那就意味着大家只能按固定的分配去赚钱，但是巴菲特个人的投资经历足以证明他赚取的财富远超出所谓的平均回报。

巴菲特之所以反对"有效市场理论"，是因为该理论让股票市场脱离了投资的本质，会让每个投资者理所当然地认为，只要他们捕捉到了"特定信息"就能确保赚钱，只是赚得有限度而已。这就给了一些股票分析师狂吹自己的机会，会误导大多数的投资者，也会让一些渴望赚大钱的人放弃幻想而直接退出，这样的股市看似更趋于"理性"，但是炒股的魅力也永远失去了。

市场先生之所以存在，是因为投资者并不总是理智的，他们不可能按部就班地去寻找什么特定的信息，而且即使有关股票的信息是充分且有效的，但是投资者对这些信息的分析也不可能都是正确的，往往会走某些捷径。退一万步讲，即便投资者都是理智的，股价反映的也只是当前价值而非长远的内在价值，而这些是很难通过所谓的"特定信息"来反映的。

既然市场先生的存在毋庸置疑，那么投资者需要面对的就是掌握和他相处的方法，这样才能确保你购买的股票无论将来如何波动，至少不会发生严重的亏损。

因为巴菲特对市场先生有着正确的认识，让他感受到这是一个看似情绪不稳定其实可以摸透对方脾气的拟人化股票市场，于是他的眼中就不再只是或绿色或红色的数字，也不再被牛和熊两种动物干扰，而是始终保持一份理性，这种理性成就了他的传奇投资经历。

2．资金少，那就用潜力股打持久战

俄国著名作家列夫·托尔斯泰在《战争与和平》中有这样一句名言："天下勇士中，最为强大者莫过于两个——时间和耐心。"事实上，这句话放在投资市场上同样适用，因为任何市场行为都和时间的连续性相关。有一种"时间轴"理论认为，在时间的坐标上，左边的轴线是负数，右边的轴线是正数，分界点是0，也就是投资的时间点，那么投资者越希望靠近左边就越是接近投机，这意味着他们从投资到获得回报的预期时间很短（负数代表着不断做减法，也就是缩短时长）。同理，投资者越希望靠向右边则越接近投资的本质（正数代表着不断做加法，也就是不介意时间延长），而巴菲特正是耐心地守在时间坐标右侧的那个人。

投资者思维，可以简单概括为短期投机和长期投资策略，然而金融理论告诉人们，投资者的回报往往来源于发现错误的定价，因为"错误"代表着差价，如果超额收益和巨大的错误定价有关，必然会吸引很多投资者入场，这样就在客观上填平了价格和价值之间的差距；但是当入场者越来越多时，整体的回报就会降低。所以，如果想提高回报，就必须长期持有，这样入场者在短期内造成的冲击效果就会减弱。

有些投资者之所以不敢长期持有一只股票，并不单纯是急于变现，而是错误地认为，市场能够自己调节短期炒家和长期投资者之间的平衡，所以走投机路线同样能赚钱，然而这毕竟只是一个理想状态，如今很多人正在从长期投资者转变为短期投机，从而增加了胜出的难度。这就好比一辆公交车停下以后，大多数人都想在10秒钟之内挤进去，结果谁都挤不上去，而如果大家不介意在1分钟之内上车，那场面就会变得相对有秩序。

人们常说"十赌九输"，原因就在于大多数人都想在10秒内上车，几乎很少有人愿意当长期投资者。如果反向思考一下：当大多数人都急着上车时，谁能耐住性子等待，谁就可以避免因为挤车带来的意外风险。换个角度看，当市场上充斥着大量的投机者时，善于投资的人往往能够活到最后，因为市场参与行为的增多会伴随着交易量的增加，可以促使市场逐渐完善价格发现功能（指市场通过公开、公正、高效等交易运行机制形成的具有真实性、预期性、连续性和权威性价格的过程），也就是说内在价值会逐渐和价格相匹配。巴菲特就是想成为那个等待大家都挤上车再出手的人，享受参与者多带来的红利，但又不走他们可能失败的路子。

在同一个游戏中遵守另一套少数人才懂的法则，这正是巴菲特的高明之处，也是一个筹码少的投资者该做的事。巴菲特看重时间和耐心，这成为他投资理论的精华部分，他认为只有在快节奏的世界里有意放慢速度才更容易赚到钱，因此他不无感慨地说："时光的最佳之处在于其长度。"

巴菲特认为，即使是明星企业和潜力股，也不可能今天投资明天就能获得利润，只有把目光放得长远一点才容易等到丰厚的回报，假设你不想持有一只股票10年的时间，那么也不要考虑如何在10分钟之内让它赚钱。对此，巴菲特还提出了一个"树懒理论"。

巴菲特和芒格都是长期持有几只股票，1990年他们对6只主要持股中的5只没有买入也没有卖出，这就很像是一只树懒趴在树上几天不动，看似懒散，其实只是在等待机会。因为股票市场是一个重新配置资源的中心，当资金通过这个中心时就会产生重置反应：从交易活跃的短期投资者流向有耐心的长期投资者。

为什么会产生这种流向呢？因为具有高成长性的股票最终会获得市场的青睐，而时间就是优秀公司最好的朋友，也是平庸公司的敌人。投资者可以从三个方面判断企业是否具有高成长性。

第一，原料和产品市场相对稳定。

如果原料市场发生变化，就会直接影响企业的成本控制，进而影响到最终收益，比如硅片对电子芯片的影响，比如橡胶对汽车制造的影响。如果你选中的企业不存在原料短缺或者波动较大的情况，而且产品市场也没有重大变故（比如突然饱和或者需求转移等），那么该企业的利润至少可以维持在相对稳定的状态。在中国，比较典型的是纺织业和某些轻工业，从这些行业中挑选稳步攀升的企业保险系数最高。

第二，有光明的发展前景。

每个行业都有成长和衰退的过程，只有抓住成长期才能获利。以21世纪为例，电子仪器、生物工程等行业都属于成长性行业，它们往往会得到国家的扶持或者地方政府的优惠政策，使其直接获得融资功能，吸收到更加优良的资本，这个成长期往往就是投资的最佳阶段。

第三，具备值得投资的利润回报。

对于投资者来说，只有当销售能够增加利润时才具有投资价值，如果一家企业仅仅是赔本赚吃喝就不是最佳的投资对象。所以投资者要学会分析企业的利润率，虽然这个算法的确很复杂，但是投资者可以从时间的长度上入手，寻找那些多年来维持较高利润的企业。这意味着该企业的利润总额很大，在行业内的总业绩也是突出的，特别是能够保持低成本运营的公司。当然，如果你想具体计算的话，可以测算每卖出一元钱所产生的利润，自然占比越高利润回报率也就越高。

用潜力股打持久战，这是很多人都懂的道理，只是他们不知道如何成为一个合格的长期投资者，不过他们可以从两个方面入手。

一是放弃那些看起来花哨复杂的组合式投资。既然要选择潜力股，就不要同时研究多个股票，毕竟你的时间和精力是有限的，越是简单的投资越容易被新手掌握，甚至很多百万富翁的投资策略也是非常保守的。

二是不要急着拿出最大的筹码。可以尝试小额交易，慢慢熟悉这个领域；不要好高骛远，想赚取所有的钱，这对于资金少的投资者来说不切实际。

巴菲特敏锐地意识到市场存在短期的波动，然而这在别人看来很可怕的波动并没有让他变得更富或者更穷，因为他走的是长期持有的路线。当大多数投资者无法忍受股价下跌时，巴菲特却能稳坐钓鱼台，他相信自己比市场更能对一个有发展潜力的企业做出正确的判断，因此他这样描述：假设你不能做得更好，那么你就不属于这个游戏，因为你不知道谁是输家，而输家恰恰就是你自己。

3.该出手时才出手

投资者都希望在最短的时间内把本钱捞回来并且大赚一笔,所以个个都急于出手,然而事实上这是非常危险的习惯,什么时候该出手不是由你的意志决定,而是要遵从客观规律。

投资是一场名副其实的马拉松竞赛,而非一场百米冲刺,投资者之间比拼的不是速度而是耐力。所以巴菲特给投资者的安全建议是,先投资然后等待机会再投资,特别是在股票市场下行阶段,风险比平时更大,而成功率随之降低,所以保持耐心是最重要的。巴菲特这样描述道:"许多投资人的成绩不好,是因为他们像打棒球一样,常常在位置不好的时候挥棒。"

巴菲特的投资生涯就是一个"狩猎"股票和企业的生涯,他认为投资者必须沉得住气,不能看到市场出现了太多的资金流动就想着把它们收入囊中,而是应该瞅准机会再出手。

其实,巴菲特的"挥棒理论"是有根据的,著名棒球手威廉姆斯曾经分享过自己的击球技巧:他把棒球场的击球区分为77块小格子,每一块格子只有棒球大小，当球落在最佳的方格里他才会挥棒击球，因为这意味着他能取得更好的成绩，而一旦落入较差的格子里，威廉姆斯如果挥棒就会取得较差的成绩。

棒球和投资看似毫无联系，但这个击球区域的判定其实是相通的，巴菲特认为要想取得好的投资业绩就必须找到准确的棒球落点。然而很多人不懂这个道理，看到球飞过来了就胡乱挥舞球棒，结果"收获"一大堆差业绩产品。

不得不说，见利就走是人的本能，因为人们担心等待会让自己错失良机，所以要准确挥棒之前必须克服这个人性的弱点。对此巴菲特提出一个"终身投资决策卡"的办法：制作一张只有20个格子的卡片，规定一生中只能进行20次的投资选择，每选择一次就要剪掉其中一个格子，这就代表着你未来的投资机会越来越少，所以你才能每次慎重选择。那么问题来了，如果没有等到投资机会该怎么办呢？威廉姆斯的应对策略是宁可被三振出局也必须等待最佳时间点的到来。当然，这个方法在投资界没那么残酷，因为投资者不会因为"不作为"而被淘汰出局，这意味着人们更不该担心不做选择会遭到惩罚。

耐心等待，意味着要培养一种平常心，否则你的所有机会将可能被贪婪吞噬。之所以要平和地面对市场，是因为市场注定是千变万化的，而且很多时候是无序和无常的，当你迫不及待地想要在市场中实现某个目标时，这种想法就是非常危险的。

成功需要果断，但成功更需要耐心，特别是在投资界，耐心往往能让你抓住更大的机遇，拥有更大的格局，更重要的是，果断只是一时的决策，而耐心代表着你拥有良好的投资者心态，能够在市场突变时保持沉稳，这才有机会笑到最后。如今，很多股民追涨杀跌，稍有风吹草动就控制不住情绪从而做出了错误的决定。

巴菲特不断提醒人们，股市的涨跌都是正常的，如果不跌就没有上涨，这是对立而统一的存在，自然要以平和心去看待，当你过分关注自己的股票的涨幅和跌幅时，就会丢掉对大环境的基本认知，陷入狭隘的视角中，看到的自然只能是短期利益的损益，而无法看得更加长远。

如今股市里总有这样一群人，他们每天都在预言股票要大涨或者大跌，往往还和行情相反，有的炒股新手容易被这些人蛊惑，盲目地陷入恐慌之中，失去了应有的耐性，如果抱着这种态度炒股必然只是输家。看清股市的反复无常，就像看清赌场上的运气流转一样，是对世界最基本的认知和态度。一个无法控制自己情绪的人，怎么可能控制好自己的投资项目呢？

当然，克服心浮气躁并不容易，可以通过以下三个小方法来尝试。

第一，从实力出发，不要一次性投入太多。因为投资越多心态就越不容易保持稳定，尤其是新手更要循序渐进，切忌搞什么"大手笔投入"，这只能让你面临全部资金被套死的风险，也会让你茶饭不思，每天只关注自己是否获得了收益，这些都会让你陷入无限的焦虑之中。

第二，合理地保持自己和股市的距离。尤其是和其他股民的接触频率要减少，否则你可能很容易受到他人思维的影响；要把注意力放在其他事情上，比如多关注行业新闻或者企业家动态，从侧面去了解某一只股票的市场走向，这样既掌握了更丰富的信息还能远离各种不靠谱的小道消息。

第三，遇到市场波动时不要考虑下一步该怎么办，而是先好好观察一下，判断是短期内的波动还是长期的波动，是最终有利的还是短期内有利的，在做出相对客观的分析后再考虑后续操作，这也是践行了"顺势而为"的实操逻辑。

一个合格的投资者未必懂得及时收手，但是他们大多数懂得要保持耐心。他们总会观察股市中隐藏的某些规律，最终选择适合自己的项目，这是一个寻找和甄别的过程，也是一个在内心建立正确心态的过程。

巴菲特曾说："我们是从来不去借钱的，即使有保险作为担保。即使在只有1美元的时候，我也不去借钱。借钱能够带来什么不同吗？我只需要凭借我自己的力量，就能够其乐无穷。1万美元、100万美元、1000万美元对于我来说都是一样的。当然，当我遇到类似紧急医疗事件的情况下会有些差别。"显然，巴菲特这种平和心形成了其特有的投资风格，也成就了他的投资事业。在说这番话的时候，巴菲特也许想到了华尔街上那些一夜从富翁变成穷光蛋的投资者，他们原本拥有着体面幸福的生活，却因为按捺不住，举债投资了超出自己承受范围的项目，最终一贫如洗甚至流落街头。从这个角度看，经验少或者资金缺乏，并不是投资者的大忌，浮躁的心态才是致命伤。

4.入市预警：必须先考虑到最坏结局

在投资界，相信很多人都听过"小心驶得万年船"之类的话，然而当投资者"赌徒"附体之后，他们看到的只是股市波动时出现的"赚钱良机"，于是就忘记了这些忠告。更有甚者，不仅不会主动避险，反而坚信"富贵险中求"的理论。这些看似"当机立断"的行为却是投资的大忌。

只要玩投资，就避免不了遇到风险，所以投资者考虑的永远不是风险是否会发生的问题，而是要提前进行分析和预判，做好必要的准备，这样才能在遭遇股市波动时保持心态的镇定和财务的稳健。

在风险预警方面，巴菲特的原则始终是小心谨慎的。在他看来，未雨绸缪远比亡羊补牢更有效，毕竟怎么补都意味着有羊损失了。巴菲特是如何做到的呢？

以伯克希尔公司投资的保险公司为例，巴菲特一直恪守三条原则。第一，只在自己的能力范围内接受投保，不必太过看重市场占有率；第二，对保险业务的内容进行严格的限制，确保公司不会因为一单生意而出现破产的风险；第三，当保险业务涉及道德风险时，不管未来的盈利前景多么美妙也不要触碰。显然，巴菲特提出的这三条法则符合他一贯的投资作风，只要严格执行就能大大降低经营风险。

事实上，巴菲特的这三条法则对于股市中的投资者也是适用的：第一，投资者要在自己财力承受的范围内选购股票，不能倾其所有或者借钱炒股，因为一旦遇到风险就可能迎来灭顶之灾；第二，投资者要确保选购的股票没有哪一只是存在巨大风险的，比如该股票所属的行业一直处于动荡状态或者听到了摘牌的风声，这样的股票就不能碰；第三，确保自己选购的股票不涉及任何道德风险，比如假冒伪劣的食品或者偷工减料的建材等，这些都可能成为一只股票走向末路的重要推力。

当然，风险只能预估，却不能真正消除。在2001年发生"9·11"事件以后，很多保险公司因为理赔而破产倒闭，即使它们遵守了巴菲特提出的第一条和第二条原则，但这种史无前例的恐怖袭击事件毕竟是极小概率发生的，遇上它只能归结为运气实在不好而非这些原则有问题。

巴菲特针对保险业的三条法则，主要还是源于他的经验和常识的积累，这也让他经常提前预判到投资的风险。在"9·11"事件之前，伯克希尔公司的净资产收益率从来就没有出现过负值，直到这个巨大意外的发生。

关于发现风险，巴菲特挂在嘴边的还是那句老话：找到一家优秀的企业。巴菲特认为，找准企业和懂得实操相比，明显前者更有意义，因为一条破船怎么操纵最终都会沉入水底。相比之下，一家优秀的企业及其经理人，总是能够在风险出现前采取一些规避手段，从而帮助投资者远离潜伏的危机。

总的来说，巴菲特的风险防控可以总结为八个字：避免风险，保住本金。相比之下，中国的股市情况可能还要复杂一些，我们的股市模式更偏向于一个资金市场，也就是说股价的涨跌不完全是围绕内在价值浮动，而是因为有不断的资金进入才让行情高涨，这就增加了对企业内在价值判断的重要性，同时也埋下了更多的风险，因为谁也无法预估下一波资金什么时候大量涌入股市，于是很多投资者的恐惧心理更为强烈，让他们不由自主地选择投机而非投资模式。

因为小心谨慎，所以巴菲特一再告诫投资者：遇到风险不可测的时候，一定要迅速撤离而不要犹豫。如果你还抱着一丝不切实际的期望，那很可能会在这个等待的过程中错失了及时抽身的机会。

巴菲特对风险如何预估是否进行过指导呢？

在巴菲特看来，想要确认是否存在投资风险，并不是通过股市的价格波动去推测的，而是通过企业的价值变动来确定，因为风险的核心定义是指价值损失的可能性而不是价格的相对波动性，简单说就是你买的股票面临的真正风险不是股价跌了，而是这家企业的价值被贬低了，这可能意味着长期性甚至永久性地无法恢复，自然你投入的资金也就石沉大海了。

在推测风险时，可以采用三个办法尽量减少损失。

第一，对你投资的企业进行深入分析，确定是否存在着造成贬值的条件，比如行业崩溃、产品发现严重质量问题、核心经营者存在法律或者道德污点等，这些都可能毁掉一家企业的发展前景。第二，不要跟着别人的投资决策，而是要保持清醒的头脑，最忌讳的就是误入"幸存者偏差"，只看到有人冒着风险赚到了钱却忽视了赔钱的人根本不会跟你讲他们的糟心故事。第三，当你遵守第一条和第二条以后选购了一只股票时，如果没有重大变故不要轻易改变决策，因为你很可能会选择风险更大的投资目标。

对风险的预估并不意味着在股市上草木皆兵，有些投资者认为，在经济下行时就意味着风险来临，于是纷纷砍仓，这其实是没有根据的。巴菲特曾经告诫过投资者："不要浪费你的时间和精力去分析什么经济形势，去看每日股票的涨跌，你花的时间越多，你就越容易陷入思维的混乱并难以自拔。"

事实上，经济形势和股票市场的形势并不是呈正相关的，有时候还会反其道行之。比如在1933年的美国，经济大萧条刚刚过去，经济形势并未完全好转，然而当时的股市却整体上涨了30%，而在20世纪80年代初期的美国，虽然通货膨胀得厉害，却是投资股票的最佳时段。从这个意义上讲，巴菲特所说的预防风险是指在具体的财务控制和股票选择上，而不是让你去推测什么时候股市会波动。这种预测本身就是愚蠢的，因为经济形势和股市形势都是无法预测的，它们很可能只是受到了蝴蝶效应的影响，这是任何人都难以预判的。

想想看，巴菲特能够叱咤投资界几十年，不在于他赚了多少钱，而在于他避开了多少风险，因为少赚一点或者少亏一点都不会造成致命伤，但如果对风险预估不足，盲目投入就有可能带来致命的结局，而当巴菲特常年保持财务稳健之后，他才能笑到最后，成为最后的赢家。

5.黑马股：不是跑得快而是藏得深

寻找潜力股，几乎是所有投资者梦寐以求的目标，因为潜力股意味着内在价值高于股票价格，具有极强的成长性，如果能保持足够的耐心，潜力股未来的收益必然是惊人的。

巴菲特的投资原则就是锁定高成长性的股票并长期持有，这个投资策略主要是从菲尔·费雪身上学到的，他认为自己有15%的特质和菲尔·费雪相似，而剩下的85%才源于格雷厄姆。那么，菲尔·费雪到底有哪些过人之处呢？

菲尔·费雪是一位投资专家和作家，他曾经提出过一个著名的"餐厅理论"：企业吸引股东要像餐厅招揽顾客一样，可以是快餐也可以是西餐，但绝不能一会儿是法国美食，一会儿又变成外带比萨，否则就无法吸引住同一批客户。对于一家上市企业来说也是如此，不要想着吸引所有投资者，而是要锁定固定的一批人，才能让他们下定决心长期投资。

当然，菲尔·费雪的闪光点不止上述一个理论，他撰写的《非常潜力股》这本书详细阐述了他的投资理念，在1958年出版后成为世界投资者的必读书目。自然，巴菲特也认真研读了这本书并吸收了其中的理论，他还找到菲尔·费雪当面请教一些问题。用巴菲特自己的话讲，他运用书中传授的投资技巧进行操作，从而做出了聪明的投资决定。所谓的投资决定就是观察和分析股票的潜质，然后长期持有。

股票的潜质，指的就是是否具有高成长性，这需要进行认真的调查才能得知。巴菲特曾经投资了一只名为印第安纳州高速公路的债券，当时该债券的售价是70多美元，而与该债券几乎一样的伊利诺伊州高速公路债券价格高达90多美元。很多人认为这个差价是因为前者的维护金额不足，换言之就是软件配置不够，所以成长性就不如后者。但巴菲特没有听信这种言论，而是驾车亲自来到印第安纳的那条高速公路上转了一圈，接着又查阅了高速公路的维护报告，后来发现这条公路根本不存在维护金额不足的问题，这也就意味着它有增长到90多美元的潜质。于是巴菲特购买了这只债券，最后真的上涨到了90多美元。

潜力股的确有巨大的上升空间，但是在上升之前往往会被隐藏得很深，如果你只是想当然地去推测其是否有成长性的话，十有八九会和其他人一样错失良机。

菲尔·费雪的投资策略就是，找对一匹黑马然后长期圈养，为此他曾经在20世纪50年代购买了摩托罗拉公司的股票。当时摩托罗拉的主要业务是在警车上安装收音系统，似乎看不出什么成长性，但是菲尔·费雪经过调查和推算，认为摩托罗拉是"最伟大的成长性公司"，结果摩托罗拉的股票一直被持有到2004年他去世。此时的菲尔·费雪已经97岁高龄，持有这些股票长达43年的时间，相当于掌握了一笔巨额的财富。

黑马之所以是黑马，是因为它们不会轻易展示出自己的能力，所以在大多数人眼中它们是平庸的，只有与它们相处的时间越长才越能发现其潜力，同时给予它们必要的成长时间，让世人见识到它们的实力。对待潜力股，巴菲特提倡买到手之后持之以恒，甚至可以暂时离开股市，不要被其他信息干扰，尽可能地延长持股时间，这才有机会让你的投资预期得以实现。

巴菲特一再告诫投资者，证券公司需要不断买进卖出来赚钱，而投资者应该是减少买进卖出的次数。因为证券公司赚的是佣金，交易越频繁赚得越多，而投资者等待的是股票成长，需要长期持有，所以证券公司才会不断鼓动投资者今天购买这个明天抛售那个，如果跟着他们的思路走，赔钱的只能是投资者。

选中潜力股并让它的潜能逐渐展现出来，这是巴菲特的选股原则。那么，巴菲特又是如何在万千股票和企业中找到黑马的呢？我们不妨看看巴菲特持有的股票中那些潜力股。

第一，科技股。

虽然巴菲特对新兴的科技产业兴趣不大，但是对传统的科技产业还是比较青睐的，比如通用电气，它是巴菲特投资组合中股息收益率最高的股票之一，平均每个季度的股票收益率超过4%，巴菲特持股到现在至少有5000万股。而通用电气在全世界范围内也是人尽皆知，在设计和制造方面都拥有雄厚的实力基础，市盈率一度高达24倍。此外还有IBM，虽然最近几年的表现并不突出，但巴菲特似乎有信心看到它东山再起。至于苹果公司，巴菲特也十分看好。从上述几个代表中不难发现，巴菲特看重的科技股要么有过硬的行业背景，要么有迅猛的发展态势，总体呈现明显上升趋势。

第二，金融股。

巴菲特目前持有的金融股有美国运通、高盛、合众银行等几只股票。在特朗普出任总统时，因为推行企业降低税率、放松金融管制的政策，导致金融股涨势喜人，而被巴菲特看重的这几家金融机构，要么在美国国内举足轻重，要么具有鲜明的多元化特征，能够贯穿并深入美国金融领域的各个角落，关系到金融市场的存贷款、现金管理、外汇以及信托等业务，树大根深且前景光明。

第三，航空股。

2016年，巴菲特购买的4家航空股票全都上涨了，包括达美航空、西南航空、联合航空以及美国航空公司股票；伯克希尔也一直参股航空企业。因为巴菲特认为，在全球化的背景下，世界的交流只能越来越频繁和紧密，另外旅游产业也在蒸蒸日上地发展，航空公司取得良好的业绩也在情理之中。虽然在2020年巴菲特清空了四大航空股的全部持仓，不过这和突然暴发的新冠病毒疫情是有密切联系的，因为病毒的肆虐限制并减少了人们的出行，这属于一个计算之外的突发事件，正如"9·11"事件对金融界的影响一样，所以这次抛售不能认为是对航空股投资的失败。

第四，医药与零售餐饮股。

在特朗普时代，由于企业税收降低，对零售餐饮业的发展有客观的推动作用，而医药行业也因为取缔药品定价而受到了照顾，所以巴菲特继续坚定地持有可口可乐的股票。除此之外，巴菲特在2020年第四季度加仓默沙东，增幅28.1％至2870万股，这也是结合疫情暴发之下的考虑，因为支撑默沙东业绩增长的有肿瘤、疫苗等关键业务。虽然在短期内并没有看到默沙东有突出的表现，但是巴菲特布局医药股的举动被认为是开发一个潜在的投资机会，这就让我们拭目以待吧。

这足以证明巴菲特对这些行业的成长富有信心。

第五，矿业和能源股。

特朗普时代不断增加对美国国内基础设施的投入，直接推动了矿业和能源的发展，而随着如今全球原材料的紧缺，矿业和能源再一次成为资本市场关注的重点，未来的高成长性应该没有多大悬念，而巴菲特也看重这一点，早在2016年就增持美国菲利普斯石油公司的股票，总持仓达到6150万股，被认为是一次"豪赌"。虽然该只股票有涨有跌，但相信巴菲特的眼光不会错。至于最终结果，就需要投资者耐心等待了。

捕获一只黑马股并非易事，需要独到的眼光、长久的耐性和坚定的信念，不要因为一时的涨落影响对未来大方向的判断，倘若人人都能识别出黑马，那黑马的价值也就荡然无存了。

第

八

章

投资心理学：独立思考和内心的平静

1. 现实的乐观主义

生活中我们总要面对大量难以处理的问题，特别是一些棘手问题出现后，有些人会不知所措甚至悲观失望，这只能让问题更难以解决。唯有保持乐观的态度，即便不能直接增强处理问题的能力，但也能让你保持良好的心态，不会被消极的情绪所影响。

巴菲特的成功，很大程度上与其乐观的心态有关，很多接触过他的人都说，巴菲特是一个具有乐观精神的人。需要注意的是，不是巴菲特的富有让他乐观，而是他的乐观造就了他的成功。对此，社会心理学家海蒂·哈尔维森专门进行过研究，认为巴菲特是一位"现实的乐观主义者"。海蒂在《成功人士9件事的不同做法》一书中将乐观分成两种：一种是"现实的乐观主义者"，另一种是"不现实的乐观主义者"，显然后者是过于浪漫主义而不切实际的乐观者，有时候反而比悲观主义者更容易犯错，所以海蒂一针见血地总结：一个人想要成功，首先要弄清楚"相信自己能成功"和"相信自己能很轻易地成功"存在着巨大的差别。

海蒂之所以将巴菲特归类为"现实的乐观主义者"，是因为巴菲特始终相信自己能够成功，同时他也很清楚想要获得成功就要克服各种困难和障碍，是需要通过制定战略、付出努力、做好规划、持之以恒才能达到目标的。反观那些不现实的乐观主义者，他们只是盲目地认为自己只要积极向上就能取得成功。

巴菲特的现实乐观主义，可以从他历年写给伯克希尔股东的信中反映出来。数据科学家迈克尔·托特曾经分析了巴菲特从1977年到2016年写给股东的信，发现巴菲特将现实主义和乐观主义完美地结合在了一起，他的大部分信中的内容都是乐观的，只有5封的内容相对消极，不过那是处于美国经济衰退的阶段，其中包括1987年的"黑色星期一"、1990年的经济衰退、"9·11"恐怖袭击、2008年金融危机以及2001与2002年互联网泡沫破裂。

托特通过对巴菲特致股东信的分析，发现巴菲特经常使用的词汇是："杰出""极好的""不一般"等，这说明巴菲特对自己的乐观主义足够有信心；而他使用的负面词汇通常是"不寻常""困难"等，并没有充斥任何消极色彩，只是描述了具有挑战性的环境，这意味着巴菲特即便在困境面前也积极思考着出路，而这正是一个领导者应该具备的素养。

托特认为，巴菲特在消极的情绪下，不会盲目地乐观，因为他知道那会让自己骄傲自大、无法正视面临的危机，当然他也不会陷入绝望，因为那会让自己乱了阵脚，所以他采取的是一条折中路线：在承认困难的前提下思考解决方案。

对待困难时的乐观主义，并不仅仅是一种工作态度或者人生哲学，也是一种社交技巧。因为伯克希尔不是巴菲特一个人的公司，他还要向广大股东负责，这就涉及了如何与股东谈论消极信息的问题，对此巴菲特的做法是，如果事情发展得不够顺利，他并不会回避，而是积极坦率地承认，他可以毫无保留地把伯克希尔遇到的问题告诉给他人。

从托特对巴菲特的信件分析可以看出，那些既愿意相信自己能够成功却又觉得成功似乎不会找上自己的人，他们会付出更多的代价，因为他们无法在现实和理想之中寻找到一个平衡点。换句话说，他们的乐观主义不够乐观，现实主义又不够现实，而巴菲特是现实的乐观主义，所以在遇到困难时会积极主动地思考并寻找答案。

当巴菲特能够平静地把公司经营中遇到的困难如实向股东反映时，他也赢得了股东们的信任。而有些管理者总是喜欢粉饰太平，因为他们太过看重自己的声望，不想让自己的职业生涯沾染任何污点，但实际情况却是在不断想象着成功，结果会招来灾难性的结果。

当然，巴菲特的乐观从来不是凭空想象出来的，他曾经这样总结，自己和芒格的乐观建立在五个因素之上：第一，伯克希尔的资产被配置在多元化的全资或者部分拥有的业务中，而这些业务总体来说资本回报率很高；第二，伯克希尔把自己能够控制的业务都锁定在单一的领域中，这就被赋予了一种持久的经济优势；第三，伯克希尔的财务管理方式可以承受外来的突发事件而不会被冲垮；第四，伯克希尔拥有世界上经验最丰富且最忠诚的顶级经理人，这些人在伯克希尔工作不仅是为了谋生，还出于一种崇高的信仰；第五，伯克希尔的董事非常注重股东的福利和企业文化的培育，而这在同类企业中并不多见。

总的来说，巴菲特的现实乐观主义是和自身的实力相匹配的，他用大半生的精力去打造一个从管理层结构到业务结构都无可挑剔的企业，并且建立了一套完整的应对投资及风险的策略原则，这些就成了稳定军心的关键，也能让伯克希尔在经历市场波动时屹立不倒。

作为一个投资者，我们很难拥有巴菲特的人脉、资金和时代契机，我们最有可能实现的是具备像他一样的心理素质，成为一个现实派的乐观主义者。我们不妨从两个方面入手。

一方面，要保持积极的态度。

积极是一种态度，但这种态度是需要实际行动去支撑的，而非仅仅喊出一个口号就能被打上乐观的标签。"9·11"事件后，美国经济进入寒冬。不少高科技公司减少盈利，导致失业率上升，社会秩序处于不稳定的状态，而国际贸易逆差又加大，巴菲特面对如此严峻的经济形势，开始了对投资者的鼓励和引导。他不断在各大媒体撰文称对美国经济和股市充满信心，他通过这场灾难展示出积极乐观的精神力量。最后，巴菲特在伯克希尔的年报中这样说道："我们在风险承受方面所具有的能力，使得我们在市场中具有其他很多公司无法比拟的优势。伯克希尔·哈撒韦公司拥有雄厚的流动性资源、大量的非保险业务收入、优惠的税收待遇。同时股东也有在收入浮存资金风险方面的承受能力。这种独一无二的优势组合使我们有能力承受任何一个竞争对手所无法承受的损失。随着时间的推移，这些风险将为我们带来可观的利润。"

巴菲特不仅这样说，也开始了新的收购行动为公司注入新鲜的血液。2004年，巴菲特从苏格兰电力公司手中买下了太平洋公司，该公司是美国西北地区规模最大的电力供应商。巴菲特完成此项收购活动后，美洲中部的能源控股公司业务范围从原来的六个州扩大到了犹他州和俄勒冈州等地区，客户拥有数量超过以往，年销售额度达到了100多亿美元，巴菲特用实际行动给了广大股东继续经营投资事业的信心和希望。

另一方面，要对面临的挑战进行客观的评价。

2007年，美国的次级抵押信贷引起了一场金融危机，波及范围之广、发展速度之快令不少人始料未及，最终蔓延到全球，而且次贷风暴生成的负面消息让全世界的股市都出现了巨大的波动。巴菲特说："当前的局面比二战以来所有的金融危机都要严重。"这个评价十分客观。在巴菲特看来，在次贷危机爆发之前，很多政策都围绕着"市场基本主义"观念展开，这种观念从短期来看影响不大，但从长远来看会让金融市场逐渐走向平衡。然而金融危机的爆发让这些观念的持有者发现了其中的错误，不过可悲的是，此时政府已经无法采取任何有效的措施了。

虽然次贷危机没有让巴菲特遭受损失，似乎也是一次出手抄底的绝好机会，但是巴菲特没有小看这场意外潜藏的破坏力。他减少了收购企业的行动，担心会让伯克希尔惹祸上身。而面对外界的鼓动，巴菲特十分冷静地说："公司未来发展的关键就是如何配置、募集资本。"对于自己为何迟迟不肯出手，巴菲特也直言不讳地说："你们不懂得拒绝，但是我会抵制诱惑。"没错，在巨大的危机面前，巴菲特不会因为自己被誉为股神就不顾一切，他依然要谨慎地评估风险，直到他认为危机的破坏力减弱时才逐渐去收购一些企业。

投资本身是一个面向未来的金融活动，从某种意义上讲就是造梦和圆梦的过程，所以一个投资者如果是纯粹的现实主义者，那很难长期去从事这项活动，因为他在短时间内只能花钱而得不到多少回报；一个无视风险的浪漫主义者，也会因为一时的头脑发热被这场游戏吞噬；只有像巴菲特这样拥有看似矛盾却又完美统一的思维方式和情绪心理，才是最合理的存在。

2.克服人性的弱点

很多人觉得巴菲特的价值投资值得学习，但是在实操之后效果并不理想，主要原因在于，巴菲特特别强调了在实践理论之前要做好必要的心理准备，其中最重要的一项就是克服人性的弱点。

理性思考是巴菲特投资成功学的核心，而实现它的前提是要克服两个障碍：一个是对投资价值判断的专业性，这个需要通过弥补相关知识去获得，只要耐心投入进去总会有所收获；另一个是对人性的理解和超越，这个不是单靠学习才能获得的，需要主动和人性中的弱点相抗衡，要拿出足够的意志力才有效果。

不管你看了多少投资理论或者实践了多少投资活动，请记住一句话：世界上所有的投资市场背后都是活生生的人性在推动，所以投资大师会把相当多的注意力放在对人类心理的研究上，从而找到一个能够清晰洞察市场的另类视角。

一位哲学家这样评价道："心灵活动有其自身原因，而理性却无法知晓。"事实上，人类的思维、记忆和态度往往是在两个水平上运行的，也就是说你的思维可能很超前，但是你的态度却很消极，因为前者是有意识和有意图的，后者则充满了无意识和自动性。

由于直觉是人类在长期进化中基因优化的结果，因此我们很难在股市发生波动之后立即切换到理性思考模式，而是采用恐惧或者贪婪这种直觉来做出决策，这就造成了投资的错误。从某种意义上讲，直觉同时代表着人类的贪婪性和落后性，它就是人性弱点的代表。那么，我们该如何有效地克服人性的弱点呢？

第一，端正态度。

有些人因为阅读了大量投资学理论或者自身学历水平较高，加上一些行业经验，就会产生一种"我已经足够强大"的错觉，然而这种自视甚高会让我们忽视人类认知局限性的客观事实。我们必须对自身的能力有一个中肯的评价，保持谦和的态度，这才是符合科学精神的，也是有益于投资决策的。只要从事投资行业，端正态度就是入门的钥匙，它会让我们保持中庸而避免走极端，以平和开放的态度面对整个世界，这样就能最大限度地获取投资决策的相关信息，也能够及时地发现环境的变化和新规律的形成。否则，我们就容易受到他人的蛊惑和误导，陷入一个又一个的投资陷阱之中。

第二，不断反思。

古希腊哲学家、思想家苏格拉底曾经说过："不加审视的生活是不值得过的。"回顾人类的历史，反思是推动人类进步的主要动力之一，而在投资界也是如此，我们无法避免不犯错误，但是我们可以从错误中总结经验教训，而不能固执地认为自己没有错，将失误解释成意外，这样就难以提高我们在投资活动和投资决策中的成功率。其实，世界上不存在绝对正确的事情，当我们在做出一个投资决策之前，切忌先入为主或者过分自信，不妨换位思考，站在对立的立场上分析做出决策的后果，或者询问身边有相关经验的人，再或者用己方的观点反驳对立方的观点，如果发现不能足够说服对方，或者他人的意见与我们的看法相左，那很可能意味着我们的决策就是存在问题的。只有经过这样几个回合的思想碰撞之后，我们才可能不断修正投资决策，提高投资的质量。

第三，勇于试错。

人性的弱点很难彻底改变，只有通过不断试错才可能将其一点一点瓦解，毕竟人类的理性是有限的，而我们面对的世界却是广大且不断变化的。投资活动也是如此，我们即便愿意抽出再多的时间，也不可能吃透有关投资决策的所有信息和规律，所以最简单有效的办法就是合理地试错，也就是确保我们的试错成本在可以承受的前提下，去验证我们的投资决策是否正确。

只有对可能的投资方法和投资对象进行尝试性的投资，才能一步步接近真理，毕竟巴菲特成为股神也是从试错中走过来的。当然，有的人因为担心试错的代价和实效性而拒绝这样做，虽然听起来是一种严谨的态度，但这种过度保护等于默认了"怯懦"和"保守"这两个人性的弱点，它可能会让我们减少一些损失，但也会让我们错失最佳的投资机会。

第四，耐心等待。

人类的心理特点是具有较强的时间敏感性，简单说就是在思想斗争中会随着时间的推移逐渐淡化感性而趋于理性，这也是"冲动是魔鬼"的动力解释：只要给予一定的冷静时间，冲动总会不断弱化。根据这一心理特点，我们不妨在感性思维发挥主导作用的时候，暂时不要拿出理性思维去硬碰硬，因为这时候我们会在情绪的影响下夸大事情发生的因素而忽视其他存在，处于偏见思维的认知下，此时理性与感性对抗是非常困难的。打个比方，当你看到一只股票突然上涨时，本能地认为它会一路狂涨，就按捺不住地想要建仓，然而这并非理智的选择，但想要劝说自己，也不能通过找出几张财务报表证明上涨是假象，因为你很难说服处于兴奋状态的自己，所以最可行的办法是暂时远离和股票交易相关的场所和设备，出去散步一圈或者观看一部轻喜剧，减弱兴奋神经的刺激，等到兴奋劲过去以后再去研究这只股票，很可能就会发现之前的决策是不理智的，也愿意接受一些客观的证据，你会忽然发现：根本不值得冒这么大的风险在一只不熟悉的股票上。

客观地讲，人类的直觉和从众等本性并非完全是缺点，它只是构成了我们的主观体验的一部分，在下意识的反应中有时会使我们走向错误的道路，但是我们可以通过主观上的努力去纠正，从而减少在投资行为中的盲目和错觉。从更长远的视角看，关于投资的某些理论可能会随着时代的发展而出现漏洞，但关于人性的基本法则往往是一成不变的，所以我们应该从克服人性的弱点开始，抓住主要矛盾和矛盾的主要方面，才能在态度、反思、试错以及时间四个维度上不断提升自我，最终获得满意的投资收益。

克服人性的弱点，就能激荡出更多的投资思考，无论你认同巴菲特的价值投资还是边际安全原则，这些都是投资界广为人知的存在，而巴菲特真正想让人学到的是冷静地面对市场、平和地面对内心以及批判地看待人性，然而能够做到这一点的人少之又少，所以这才是成功者寥寥无几的真正原因。

3. 成功者标配：用冷静制衡狂热

每个人都想成为投资市场的赢家，也有人为此研习了不少投资学知识，然而事实证明，但凡涉及金钱的决策，很多原本管用的方法往往会失效，这是因为人在理性思考的同时会受到情绪的影响。因此，只有当你能够保持冷静并克制心中的狂热时，才能做好每一笔投资。

"狂热"一词听起来似乎和正常人无关，然而事实上很多进入股市的投资者都会犯这种错误，它的直接表现就是"短视损失厌恶"。在解释"短视损失厌恶"这个概念之前，先来看一下什么是"损失厌恶"。

"损失厌恶"是由心理学家丹尼尔·卡尼曼和心理学教授阿莫斯·特沃斯基共同提出的，简单说就是损失带来的痛苦远远大于盈利带来的喜悦。形象地说明就是，如果你丢掉了100元，由此造成的痛苦只能用捡到200元来抵消，而不是捡到100元，因为这是人类在衡量利益得失时的特有心理，呈现出一种非对称性。显然，损失厌恶对于投资者的影响非常明显，让他们在错误地持有一只股票时很难下定决心放弃，因为担心抛售之后会带来不可预知的损失。

解释了"损失厌恶",再来看"短视损失厌恶"的定义:如果损失厌恶的投资者不去频繁评估他们的投资绩效,那么他们会更愿意承担风险,也就是评估的周期越长,他们就越会被风险资产所吸引。但是,实际存在的各种外部因素总会影响评估周期,比如资产收益的概率分布很难长期保持稳定,可能会遇到破产等巨大变化,导致评估的结果出现严重偏差。难怪有人认为,短视损失厌恶是很多投资者运用巴菲特投资理论的最大障碍,很多业内人士比如基金经理、投资顾问等,都会在这个问题上折戟沉沙。

短视损失厌恶带来的后果就是对错误的投资保持一种病态的狂热,这种现象十分普遍,但是巴菲特却成功克服了它,成了全球最伟大的投资家。原因很简单,巴菲特总是能够发现企业的价值成长和股票价格之间的微妙关系,所以他不需要每天都盯着大盘走势,让他不必通过股价来印证自己的决策是否正确,由此确保了他的情绪不会跟着股票走势而频繁变化。

格雷厄姆曾经提醒投资者:"在大多数时间,股票是非理性的,它会向两极波动,原因在于很多人根深蒂固的投机或赌博心理,例如希望、恐惧和贪婪。"其中影响最大的就是贪婪,因为贪婪更多时候可以吞噬掉恐惧,但是恐惧抵消贪婪的情况要少很多。这就不得不提到"旅鼠效应"。

旅鼠是一种小型啮齿动物,主要生活在苔原地区,它们会在春季为了寻找食物和新的栖息地进行大规模的迁徙,不过每隔三五年就会发生奇怪的事情:旅鼠会因为超高的繁殖率和相对低很多的死亡率而数量激增,而当它们的队伍膨胀到一定程度后,就会激发出一种不可思议的狂热——它们会在夜间莫名其妙地行军,然后在白天也公然行进,遇到障碍也不绕过,而是堆叠在一起直至越过障碍物,甚至最后还会正面挑战平时不敢招惹的动物。虽然很多旅鼠会在这个可怕的旅途中死于饥饿或者意外，不过大多数都能到达海边，接下来它们的行为更加匪夷所思：跳入海中游泳直至精疲力竭而死。

时至今日，人们对旅鼠的行为无法正确解读，只能理解为食物供给造成的环境压力，而旅鼠之间的拥挤和竞争可能激发出一种狂热的基因，导致行为的异化。听起来是不是有一种似曾相识的感觉？没错，很多股市上的投资者也会变成旅鼠，带着旁人无法理解而整个集体又纷纷效仿的狂热去追涨杀跌。

为了避免在自己身上出现旅鼠效应，投资者应该做到以下两点。

第一，成为安静的投资者。

安静不是一种简单的状态，而是一种行为方式。要避免成为旅鼠，首先要远离旅鼠大军，不要盲目跟风，不要混入那些热闹的队伍中，敢于坚持自我，哪怕遇到让自己伤神的时刻，也不要轻易向外人求助，因为这会让外部的狂热也渗透进来，从而影响自身的心智。毕竟，股票市场不是普通的比赛，安静作为一种品质显得尤其珍贵，因为它能让人保持理智地观察和从容地决策。

巴菲特之所以能够耐心地阅读那些上市公司的财务报表，就在于他能沉浸在安静的状态中，不会被股票市场的冗余信息所干扰。那些混迹投资市场没有赚到钱的投资者，必须反思一下：自己看过几份券商研报，搜集过多少企业相关的新闻？如果做不到这些，自然就会上演旅鼠的狂热之旅。只有安静的性格，才能造就一种处乱不惊。

第二，成为孤独的思考者。

如今的互联网已经拉近了人与人之间的距离，哪怕远隔千里也能知道另一个人在做什么，这是科技的进步，能够让我们的接触范围扩大，从而碰撞出思想的火花。但是互联网自身也存在诸多缺陷，最明显的就是虚假的信息更容易传播，而推动它的正是人们的狂热。比如一些造假的社会新闻，很多人连思考都没有就直接转发并表示认同。在股票市场上也同样存在这种现象。在这种大环境下，一个人如果能够适当地远离人群，偶尔孤独也要保持独立思考，那就能获得超出一般人的思考成果，用距离来隔离狂热。

当然，狂热并非一无是处，但投资者的狂热应该是一种热情，它是有目的且有节制的，才能确保不影响理性。因为股市比拼的不是谁活得多好而是能够活得多久，那些跟随着大队伍、拒绝孤独的旅鼠只能葬身大海。

巴菲特曾经分享过这样一则小故事：一位石油商人在天堂门口见到了圣彼得（耶稣的得意门生）。圣彼得告知他已经获得了进入天堂的资格，但是天堂里没有留给石油商人的位置。石油商人沉默片刻便挥舞着双手高喊："在地狱发现了石油！"于是天堂中的石油商人都疯狂跑向了地狱，这时圣彼得邀请商人进入天堂，然而商人却表示，谣言也可能是真的，他还是想下地狱看看。

狂热，永远是阻碍人们正确认识世界的障碍，也成为很多投资者倾家荡产的陷阱。巴菲特以职业基金经理为例，称他们终日在一个具有安全系数的机构中工作，而这个机构并不鼓励人们独立思考，而是鼓励人们随波逐流，结果这种从众心理就激活了他们身上的狂热基因，于是他们就像旅鼠一样做出了疯狂的举动。那么，你愿意做一只随波逐流的旅鼠还是一位保持己见的独行侠呢？

4. 高情商更适合玩金融

投资看起来和智商有关，其实它并非一场智力游戏。在实践中，一个智商150的人未必能击败一个智商90的人，而像巴菲特这样的投资大师也并非高智商天才，因为做好投资并不需要多么超出常人的眼光或者拥有独家情报，而是需要健全完整的知识体系，驾驭这个知识体系的就是你的高情商。

巴菲特一直认为很多人比他智商更高，甚至比他更努力地工作，但巴菲特能够运用高情商去操控自己的情绪，从而让宝贵的理性发挥作用。从这个角度看，理性关联决策的正确性，而理性发挥作用的前提是高情商在控制情绪，因此情商的作用更为突出。

巴菲特自己也承认，他的知识体系并没有和50年前有多大的不同，随着时代变化，他所吸收的更多的是信息而非知识，因为他已经建立起了正确的思维模式，然后在情商的作用下屏蔽大部分负面情绪，就能在投资中健康地使用之前掌握的法则与策略，避免那些常人都会犯的投资错误。

低情商的人，往往会把简单的问题复杂化，这并不是说他们考虑问题很周全，恰恰相反，而是把简单的问题复杂化却又抓不住重点。打个比方，高情商的人看到别人情绪不佳时，会装作很随意地讲个笑话或者故意跑题，聊一些能够转移对方注意力的话题；而低情商的人反而会死板地劝诫对方要想开然后讲一大堆开导他人的套话，反而有可能造成对方情绪的恶化。

真正的投资策略，就像高情商的人在面对社交问题时一样，将复杂的问题简单化，通过另辟蹊径的办法直达终点，而非逢山开路遇水搭桥。有些投资者之所以频繁失败，是因为太过看重所谓的投资学理论，天天把"有效市场""现代投资组合"这些词汇挂在嘴边，而在实操时又不能学以致用，所以很难获得预期的投资结果。在巴菲特看来，真正伟大的投资理念往往用一句话就能概括，这样才能让更多的人消化理解，而低情商的人却会认为复杂难懂的才是真理。

外界似乎对巴菲特有一种错误的认识，认为他智商很高而情商很低，因为他总喜欢一个人埋头在书籍、报纸和报表中搞研究，生活能力又很差，但这是一种偏见。事实上，巴菲特无论在人际沟通上还是人格魅力上，都能体现出较高的情商。

20世纪50年代，巴菲特刚从哥伦比亚大学毕业就主动参加了卡耐基课程的学习。在此之前，他就被卡耐基的《如何赢得朋友并影响别人》深深吸引，书中传授了如何为人处世的诀窍，可见巴菲特对社会交往的技巧是非常感兴趣的。所以巴菲特在进入高中时代以后，就将卡耐基的处世之道运用到实践中，他因此结识了不少朋友并成了高尔夫球队的一员，在大学时代也结交了更多的朋友。后来，当巴菲特在上班路上看到卡耐基培训的广告后，认为自己有必要参加，因为这会让他更受客户欢迎和信任，于是他拿出100美元报名，这笔钱在当时可不是一笔小数目。

当时参加培训的有30人左右，他们都和巴菲特一样对社交充满恐惧，他们不敢说出自己的名字，也不敢和别人讲话。很快，老师沃利发给每个学员一本有关演讲的书并鼓励他们认真学习，克服他们在社交中的障碍。巴菲特对卡耐基课程有一句精妙的点评：参加培训不是为了让自己在演讲时膝盖不发抖，而是让自己在膝盖发抖的时候还能继续演讲。经过一段时间的学习，巴菲特在人际交往、演讲对话等方面都有了明显的进步，提升了巴菲特的推销话术能力，逐渐争取到了更多客户的信任。

巴菲特认为，参加卡耐基课程学习是他进行的最成功的一次投资。因为巴菲特此时已经意识到他的失败不是专业领域的失败，是在人际交往上的失败。他自己也承认他害怕在公众场合演讲，但这是一个经纪人必须规避的缺点。通过卡耐基课程的学习，巴菲特逐渐克服了恐惧感，距离成功又更近了一些。

即便是普通的投资者，学习社交技能并锻炼高情商也是非常重要的，因为投资市场就是要和人打交道，不要以为宅在家里利用网络炒股就能赚大钱，你总要走出去了解社会、了解投资市场，尤其是要了解你的投资对象。即便你不需要和大量的人打交道，通过锻炼高情商也能强化对情绪的控制能力，而这更是做好投资的重要技能。

巴菲特认为自己的很多投资策略并不难懂，只是很多人在实践中最终败给了低情商，一是因为他们高估了智商的作用，二是因为他们忽略了情商的正确使用。其实，运用情商去控制不良情绪很容易，可以通过日常生活中的一些小事去锻炼。

第一，懂得放下执念，学会量力而行。

低情商的人，往往不懂得变通，就像很多不会灵活处事的人一样，他们在投资时也是如此，只能看到某某人因为炒股赚了大钱，于是就复刻他们的发财之路也购买了相同或者相似的股票，结果并没有取得预期的成果，但他们又偏执地认为中途撤走会前功尽弃，结果在错误的道路上越走越远。事实上，"伟大的企业"有很多，潜力股也不止一个，为了一个不确定的结果顽固不化地坚持，既浪费资金也是在浪费生命。

第二，及时反躬自省，正确认识自我。

情商包含的一个重要组成部分就是自我认知。高情商的人懂得时刻反思自己的行为，而低情商的人总把责任推到他人或者其他外部因素上，这就形成了错误的外归因（习惯将行为原因归于外部条件，反之就是内归因）。这种心态在投资中是相当可怕的。正如巴菲特所说，市场波动很难被真正认清，犯错误是再正常不过的了，可怕的是不懂得及时认识到错误，这样就无法改正投资策略中的不足，往往会重蹈覆辙，最后陷入恶性循环。

第三，确保基本生活，循序渐进地投入。

低情商的人往往不懂得把握尺度，比如在社交中对人过于热情让对方感到尴尬，或者是对人过于冷漠让对方觉得缺乏人情味。在投资中也是如此，那种倾其所有的投资行为并不值得推崇，因为人如果连基本的生活都无法保障，那么一旦陷入投资中就会心态失衡。即便后顾无忧，也要循序渐进地投资，就像和陌生人建立良好关系要慢慢来一样，火箭般地接近对方只会适得其反。

金融是一门操控金钱的技术，更是一门操控心理的艺术，而操控的首要目标就是你的内心，你要学会和自己的负面情绪做斗争，你要学会用冷静驱走私心杂念，你更要与恐惧和贪婪这样的心理黑洞相抗衡。只有具备较高的情商才能游刃有余地保持内心的平和，从而打开通往投资之路的大门。

5. 经济学=花钱心理学

2002年，心理学家丹尼尔·卡尼曼获得了诺贝尔经济学奖。这听起来有些不可思议，一个心理学家怎么会和经济挂钩呢？评奖委员会给出的理由是，丹尼尔具备了从心理学到经济科学的综合洞察能力，尤其是在确定条件下对人类判断和决策的研究。如果你还不明白丹尼尔获奖的背后原因，不如去了解一下"行为金融学"这个词。

行为金融学是金融学的分支，是把心理学特别是行为科学的理论融入金融学之中，是一门新兴的边缘学科，对传统的金融理论的创新发展具有十分重大的意义。如今，虽然金融市场广泛使用了计算机甚至一些AI算法，但是真正发挥主动作用的还是人，电脑分析并不能取代专职的证券分析师，同样，传授金融知识的也必须是活生生的人。既然如此，研究金融市场中人的行为就意义重大。

我们知道，在投资市场中，恐惧和贪婪会推动人们产生相应的行为，而它们都是一种情绪化的反应，既然和情绪有关，就必须从心理学的角度切入，才能更好地理解人类的相关金融行为，尤其是在短期内人的情绪往往能够发挥重大作用。

当然，在"行为金融学"一词出现之前，不少投资界的大佬已经在关注人类的情绪心理对投资行为的影响了，巴菲特和芒格都是其中的代表。他们在进入证券市场之后，发现各类投资交易中总能看到一些非理性的现象，很多人读着财报、听着金融系的课程，最后的投资行为却还是被情绪左右，进而产生各种匪夷所思的决策。

不过，真正让主流的投资界重视心理学和金融学的交会还是在进入20世纪以后，人们越来越清晰地认识到：只要涉及投资，人类的情绪就会变得异常真实，真实到可以影响人们的行为甚至是股价。从这个角度看，人在负面情绪面前往往是脆弱的，直接导致了错误的判断，影响到一个人能否取得成功，而当千万个人的错误汇集在一起时，就会推动整个市场朝着毁灭性的方向发展。

虽然人人都知道情绪化思考的坏处，可人们还是避免不了从众心理，这种心理越强，积累的错误就越多，于是大部分人都陷入非理性的浪潮中，最终只有少数真正理性的人才能笑到最后。

既然人的情绪容易产生误判，唯一的解决方案就是不断发挥理性的作用并保持耐心和毅力，这样才能克服人性天然的某些弱点，毕竟心理的问题只能通过心理控制来解决，而不能通过金融。如今，行为金融学已经诞生了四个主要研究成果：过度反应理论、过度自信理论、前景理论和后悔理论，揭露出人们在投资环境中的心理反应，而前两者的负面影响往往最大。

第一，过度反应理论。

过度反应是投资决策者在不确定条件下的系统性的认知偏差造成的。

当投资者遭遇市场变化时，他们过于相信眼前的信息而忽视了以往的信息，把临时性的下跌当成了灾难性的崩盘，结果造成了判断失误。进一步说，人们对坏消息的反应往往是过度的，而对好消息的反应相对迟钝，结果就造成了多数人离成功越来越远，距离失败越来越近。

糟糕的是，过度反应偏差随着时代的发展变得破坏力更加惊人。如今，随着通信和互联网技术的发展，投资者能够全天候地了解股票行情，这就意味着他们在上班的路上、在午餐时都能了解各类投资项目的表现，如此频繁地获取信息，总能捕捉到一些负面情报，直接造成投资者的错误决策。所以一些有先见之明的投资大师认为，与其每天关注投资行情不如固定在某个时间段去关注，切勿把注意力都放在上面。

第二，过度自信理论。

国外的心理学研究发现，一些在投资方面的错误判断往往和人们的过度自信有关，而这恰恰是人类的通病。比如在询问人们的驾驶技术时，大多数人描述的水平往往都高于实际水平，而如果问医生是否能诊断出肺癌，九成的人都表示肯定，然而实际的概率只有一半左右。因此，丹尼尔才不无感慨地表示：人们不会超越平均。这就是非常现实的存在。

尽管自信心对人的成长和发展十分重要，但过度的自信只能起到反作用，特别是在涉及投资时，过度的自信不仅对个体有害，其合力还会对整个市场产生反作用力。简单说就是，1万个人自信地认为某只股票会上涨，那么他们这种错误的行为会推动该企业的内在价值虚高，从而吸引更多不明真相的人跟进，等到股票回归真实价值以后，会让很多人倾家荡产，这就是自信的合力所产生的作用。

有意思的是，过度自信的情绪往往出现在那些掌握了一定知识和技能的人身上，他们认为自己超出其他人，这种自我高估会让他们更加坚信自己认为的才是最正确的。即使有人把最可靠的情报告知给他们，他们依然会选择无视，反而还会从正确的信息中筛选出"严重的漏洞"，这种认知上的失衡会推动他们的金融行为朝着更错误的方向发展。事实上，那些所谓经验丰富的证券分析师和基金经理就常常被这种情绪左右，让他们在面对不够资深的人时产生一种强烈的优越感，相信自己的信息来源和判断，结果有时候因此一败涂地。当然，有些人可能意识到自己的认知和实践出现了落差，但他们不会修正自身的错误，反而利用信息不对称玩起了炒作，给不具备成长性的投资项目增加噱头，由此坑害了一批投资者。

第三，前景理论。

前景理论也叫展望理论，它的基本含义是——大多数人在面临获利的时候会主动规避风险，而在面临损失的时候又偏好风险，总之，他们对得失的判断是根据不同的参考点来决定的。打个比方，当一个人捡到钱之后，会急忙离开原地，生怕失主会抓住自己，而事实上可能附近还有被遗落的钱；当一个人被偷了钱包以后，会不顾一切地寻找小偷，完全不介意身上的首饰再被小偷窃取。

正因为参考点的不同，导致人在不同的阶段对未来的预测和展望存在很大差异，具体表现在投资上就是对某件事发生的"主观概率"不同。比如在某奶制品被查出有致癌物质之后，会对同类企业产生多大的影响，这个就会因人而异，有的人可能继续持有，有的人会马上跑路。

第四，后悔理论。

后悔理论指的是人们在投资的过程中产生的后悔心理，比如在牛市时没有买入上涨的股票，比如在熊市时没有抛售暴跌的股票，也包括对专家推荐的股票没有购买而产生的悔恨情绪。那么，后悔反映了什么呢？其实反映的是投资者对自身的一种期待，那就是做出正确决策的自豪感。

举个例子，如果一个投资者同时持有两只股票，股票A获利10%，而股票B亏损10%，这时投资者又发现新的投资机会却没有闲置资金，只能卖掉一只股票，那么大多数投资者会卖掉股票A。因为股票A已经获利了，继续上涨的概率要低于下跌的概率，但是股票B却是亏损状态，可能会有上涨的机会，但是暴跌的概率就没那么大了，所以卖掉股票B很可能要担心未来上涨让自己后悔，而卖出股票A则显示出"我已经赚到钱"的正确决策。

总的来说，行为金融学是凭借对心理学理论的运用去解释市场为何出现低效行为的研究，而所谓的"低效"就是行为被情绪影响的结果。作为一个投资者，当你发觉自己的投资行为越来越缺乏实际价值时，很可能就是你的情绪在暗中操控你的理性，做出了不符合逻辑的选择，而这恰恰是成为一个聪明投资者的大忌。

第
九
章

套利法则：保证赢利只需关键几步

1. 想想你是在投资还是投机

有些人表面上在玩投资，本质上是在做投机。更值得我们深思的是，这些人并非有意搞投机，只是在实际行动中混淆了投资和投机的概念。在巴菲特看来，投资和投机的关键区别还是在于是否关注内在价值。

巴菲特经常挂在嘴边的一席话是："如果投资连与投资额相当的回报都得不到，那算什么投资？故意以高于股票内在价值的价格买入，希望能很快就以更高的价格出手，那只能叫投机。"

每当巴菲特打算制定一项投资策略时，他都会先阅读这家企业的财务年报，然后问自己一个尖锐的问题："值得还是不值得？"他认为，购并企业的价格要始终围绕其内在价值。如果购并价格远低于其内在价值才会有安全边际，而一旦这种安全边际增加时，投资者就该当机立断实施收购行为。

对比巴菲特这种看似老套又带有神秘色彩的价值投资理论，那些只顾关注表面和眼前的投资者，从思维方式上看和投机分子别无二致，因为他们不会考虑企业的长期回报率，也不会考虑市场波动对内在价值的干扰，只会考虑短期内能否顺利变现，所以巴菲特的理论并不是为这种行为服务的。

1961年，巴菲特斥资100万美元投资了登普斯特尔机械制造厂，他效仿了格雷厄姆的投资模式：除去投资该厂之外，还将其余的资金分别投资到另外40只股票上，而发行这些股票的公司大多数都是处于资产清算、企业经营进入波动时期的企业。当时经验尚且不足的巴菲特，把格雷厄姆投资理论中的缺点也照搬照抄了，他将所有打着搞技术开发旗帜的企业股票都视为投机型股票而拒绝买入，原因是所谓的"技术"存在着一些水分，不像那些经营多年的传统企业更靠谱。

客观地讲，把技术当噱头的企业的确有一些徒有其名，通过炒作概念引起投资者的注意，但不能对所有技术型企业都存在某种偏见。自然，巴菲特的这种偏见给他带来了一定的损失，但也坚定了他坚决不走投机路线的态度。在那段时间，有一家名叫施乐的公司（全球最大的数字与信息技术产品生产商，是复印技术的发明公司，拥有多项专利技术）股价跌到了1美元，完全符合低价格高价值的标准，然而巴菲特还是没有动心，主要还是因为当时施乐推出了一些领先于时代的复印技术却并不被看好。更重要的是，施乐并不完全符合巴菲特的投资三准则：在价格最低的时候收购，坚持长期经营，制定应急措施。

施乐公司是在1906年诞生的，论品牌生命周期也不短，但是该品牌的主营业务——办公复印却是从20世纪50年代开始的，和巴菲特关注的其他企业相比，没有对某个细分领域的常年深耕，所以巴菲特才将其排除在外。

对施乐发展前景的误判，是巴菲特当时犯的错误，但这也从侧面证明巴菲特遵守三准则的坚定性。这种坚定性让巴菲特更倾向于通过长期经营某家企业或者长期持有某种股票赚取足够丰厚的利润，而这恰恰是投机者难以做到的。

投机是一种浪费时间和精力的经济行为，相比于投资胜算并不高，如果能够选择长期投资的企业，就不必被短期内的价格波动所迷惑，只要坚持一段时间自然能看到成果。所以巴菲特曾说："我们想看到的是，当你买了一个公司后，你会乐于永久地持有这个公司。同样的道理，当投资者购买伯克希尔的股票时，我希望他们可以一辈子持有它。我不想说这是唯一购买股票的方式，但是我希望是这样的一群人加入伯克希尔。"

1969年7月20日，美国宇航员阿姆斯特朗成功登月，让全体美国民众充满了无与伦比的骄傲和自豪，也让不少民众对美国的经济发展坚定了信心，这种高亢的情绪像瘟疫一样传遍了全国，也感染了股票市场上的投资者。

经济的高速发展带动了股票市场的不断繁荣，华尔街进入有史以来最疯狂的投机时代，几乎每一只股票都在这个时期刷新了以往的上涨纪录。一次，巴菲特准备购买早已看中的两只股票时，却发现其中一只已经被抢购一空，而另外一只上涨到超出他能接受的范围。关于这段疯狂的时期，巴菲特是这样描述的："仅仅以周或小时为周期对股价进行研究是远远不够的。那个时候的证券研究必须精确到以分为周期。那段时间，即使我出门去买百事可乐，内心也有一种深深的负罪感。"虽然巴菲特像其他人一样争分夺秒地进行投资，但是他没有被狂热的股市冲昏了头脑，他始终坚持对股票进行理性的分析，而不会受到市场浪潮和他人思维的影响，最重要的是，他不想成为一个只关注短期利益的投机者。

股票市场总是具有较高的流动性，很多投资者会根据股价的上涨或者下跌的幅度选择股票，而巴菲特一直认为，股票是不该长期流动的。让他倍感庆幸的是，伯克希尔的股票基本上是全美流动性最弱的，每年大约只有1%的人会抛售它（其高昂的股价也是流动性弱的原因之一），而这些持有者中的一部分人，也可能就是受到了巴菲特的影响。

巴菲特向来倡导长期投资，只要他认为某个企业具有很强的价值增值能力，就会进行长期的投资，即使这些企业的增值能力无法在短期内体现，也不会影响他长期持有的态度。尽管如此，巴菲特并没有将投资和投机对立起来，一个本质上还是要在市场上逐利的投资者，不可能完全放弃赚钱的机会，只是存在着一种偏好和优先级而已。

从本质上讲，投机也是一种投资行为，但它更看重利用信息不对称和稍纵即逝的时机在市场交易中获利；它更关注价格的变化而不会考虑交易品种的实际价值，也就是漠视巴菲特最看重的内在价值。所以我们可以这样理解巴菲特对投机的态度：对于资金和精力都有限的投资者来说，投机行为看似回报周期短，但存在的风险是巨大的，因为它强调的是低买高卖，因此投资者会花费大量时间和精力去分析经济形势，结果很容易陷入认知的混乱中。

巴菲特认为，股票市场从短期来看，更像是一个被投资者操纵的投票机器，而投资者的投资行为往往是非理性的，因此很难进行预测。相比之下，股票市场从长期来看则显示出更多的公平性，如果投资者购买的企业具有潜力，持有的时间越长越能体现在股票价格上。比如巴菲特购买的可口可乐股票，几十年里每天都在波动，今天可能是20美元，明天可能是15美元，如果是做短期投机的，稍有不慎就会因判断失误而赔钱，但如果是长期持有那一定会赚钱，因为从1987年到2021年，可口可乐的股价从3.21美元上涨到了55.3美元（2021年6月2日）。

华尔街有个不成文的规矩：只要投资都应该进行短线操作，极少有长期操作的行为。然而这是格雷厄姆比较唾弃的行为，巴菲特同样也不赞成这种套路。他喜欢长期持有一只股票，这样有两个好处：一来可以节约成本，二来能够获得价值最大化。正是凭借最小成本获得最大回报的投资原则，让巴菲特在股市所向披靡。当然，今天的华尔街仍然遍布一大批投机者，他们并非不懂得投机和投资的区别，他们只是受制于人性的短视、贪婪以及浮躁，迫切地希望变现，这也就决定他们最多成为股票分析师，却无法成为"股神"。

2.套并购，钱源源不断

"无利不起早"几乎成为对商人的刻板式评价，当然从广义上讲也没有逻辑错误，但问题在于"利"是多大，"早"是多早，只有达到一定的付出和回报比，这个行为才是有益的，否则就变成了非理性的盲目逐利。

在巴菲特的投资生涯中，"利"更多时候指的不是长期投资一家企业的回报，而是短期买卖后获得的快速变现。没错，这其实就是巴菲特一直抨击的投机行为。但我们也强调过，巴菲特只是不把投机当成投资的主业，并非完全拒绝，因为对于一个投资者来说，不懂得套利就缺少了一项短期变现的技能。

所谓套利，指的是在某种实物资产或金融资产拥有两个价格的情况下，以较低的价格买进，较高的价格卖出，从而获取无风险收益。具体到投资股票领域，是指巧妙掌握股票的投资时效，在买入一种期货合约的同时卖出另一种期货合约，而合约的对象可以是同一种期货品种，可以是不同期货市场上的同一种期货，也可以是完全不同的两种期货，它们分别对应的就是跨期套利、跨市套利和跨货套利。

当很多人试图了解巴菲特如何在股市中稳操胜券时，不如去看看他是怎样玩转套利的。事实上，股票套利是巴菲特的一个技能强项。巴菲特在1982年的报告中表示，在他研究了格雷厄姆·纽曼公司和巴菲特合伙业务以及伯克希尔等公司之后，越来越发现有效市场理论是非常愚蠢的，也正是因为这种无序性，才产生了在市场上出现差价并进行套利的经济现象。

1956年，巴菲特对格雷厄姆·纽曼公司截至当年30年间的套利手段进行了总结，最后发现：20%的平均收益都是来自套利交易，所以巴菲特将主要精力放在研究套利交易的技巧上，并在实际的操作过程中不断完善方法。随着时间的推移，巴菲特积累了套利的理论知识和实践经验。

套利是巴菲特的一项特殊才能，在他所有成功的投资案例中，推动其年收益超出预期水平的法宝就是购并套利，简单粗暴却行之有效。听起来，短期套利似乎和巴菲特一贯坚持的长期回报相背离，事实并非如此：一方面，巴菲特所有的投资项目不可能都长期持有几十年而不去变现，这样就断绝了流动资金的来源，对一家企业来说也不现实；另一方面，短期套利只是针对特定的投资目标，从投资主体上看没有偏离巴菲特的核心投资原则，这就好比一个有主业的人偶尔赚外快一样，你不能认为他这是在背叛自己的主业。

巴菲特之所以要进行短期套利，是为了在风险足够低的前提下获得利润，因为套利活动中涉及的投资对象，基本上和价值投资理论没有密切的联系，它考察的不是一家企业是否具有内在价值，而是通过做多和做空的手段从差价中获得投资回报。

1962年，美国的股市下跌，巴菲特持有的股票都出现了负面的价格波动，他没有急于抛售，但也需要资金回笼，于是就通过套利撑过了这个艰难的时期。那么，巴菲特具体采用了哪些套利手段呢？其中最常见的就是购并套利。

购并套利，本质上是获得股票的市场价格与交易的市场价格之间的差价，而交易价格是一个企业购并另一个企业时支付的价格。打个比方，A企业以每股100元的价格买入了B企业，如果B企业每股的市价是95元，那么一个投资者购买B企业的股票并一直持有到交易结束时再卖给A企业，就会获得5元钱的利润，5元钱就代表90元的投资带来了5.55%的收益，倘若B企业的股价下跌到了95元以下，那么投资者从中赚取的差价就更大了。

那么，我们来算一笔账，根据年收益率计算公式：年收益率=［（投资内收益÷本金）÷投资天数］×365×100%。如果这笔交易在3个月内完成，年收益率那就是22.5%，这是相当吸引人的。而当这场购并交易结束后，A企业收回了资金，投资者也就赚取了差价，这笔收入可以继续投入类似赢利机会的新购并交易中。如果投资者出手够快，运气也不算太差的话，那么只要将交易时间控制在3个月左右，再把每一笔交易的利润都进行再投资，我们不用详细计算，就可以知道复利收益会远超出22.5%，达到40%是绝对没问题的，这就形成了一种良性循环。

购并套利的优势在于，能够让投资者的年收益获得最大化，同时将损失降低到最小。在巴菲特看来，假设你有足够的信心可以在短期套利中获得短差（在股票交易中快进快出、低买高抛赚取差价的行为），那么就可以考虑这样的股票。假设你经手的每一笔交易都对己方有利，那也可以通过积少成多的办法让收益最大化。当然，购并套利也不是万无一失的，因为只要是投资总会难免承担某种风险，投资者需要掌握以下三条原则。

第一，选择价格保护较高的交易。

不要认为只要是企业并购就有利可图，当你打算介入一场股权交易的纷争时，要选择有较高护价能力的交易，简单说就是交易双方不能有一方太弱势或者受到了某些机构的保护，从而保证股票的价格在短期内不会出现暴跌的情况，因为这很可能会影响到收购方的定价策略，导致差价的空间被严重挤压，变得无利可图。

第二，明确预期收益的底线。

任何交易都难免出现波动，讨价还价不仅出现在普通交易中，大规模的股权收购也是如此，所以投资者要在出手前大致计算一下能够接受的最低年化收益，如果只有1%那可能就不太划算。总之，要根据自己的实际情况来确定，毕竟套利的核心玩法就是短期变现，持有时间太长就失去意义了。

第三，确信交易的最后达成。

在参与一场购并交易之前，投资者必须考虑到各种潜在风险，也就是要确定这场交易最终能够完成，这可以通过了解行业新闻和内部消息来确定，总之存在着一定的风险性，但必须有一个较大的成功率，如果交易前不断爆出各种负面新闻则不要急于介入。

购并套利，是在屏蔽了研究企业内在价值的前提下，介入一场有关价值和价格的交易中，而投资者仅作为一个第三方去参与赚取差价，并不涉及甚至不承担估值的风险，这样就能在短时间内赚取高额的利润且不会被市场波动所影响。

3.优先股的套利之道

在海外相对成熟的证券市场中，优先股是一个十分亮眼的存在，有人把它看成救市的良药，也有人把它看成新的套利工具，而利用优先股成功套利的经典案例，也是由巴菲特创造的。不夸张地讲，优先股是股神纵横套利市场的大杀器。

什么是优先股呢？它是"普通股"的对称，指的是股份公司发行的在分配红利和剩余财产时比普通股具有优先权的股份，所以我们可以把优先股看成一种没有期限的有权凭证。当然，有些优先股可以转化为普通股，有些则不能。大体来看，优先股主要有以下两个特征。

第一，预先设定股息收益率。因为优先股的股息率是固定的，因此它不会受到公司经营状况波动的影响，通常也不参与公司的分红，但是可以比普通股优先获得股息，而对企业来说，发行优先股并不影响公司的利润分配。

第二，权利范围小。通常持有优先股的股东是没有选举权和被选举权的，尤其是对股份公司的重大经营是没有投票权的，当然，在某些特定的情况下享有投票权。

优先股是一种股债混合性质的资本证券，它最早在1825年前后出现在英国，到了20世纪80年代，优先股在华尔街得到了极大的创新，不少人在掌握它的操作规律后赚得盆满钵满。和普通股相比，优先股因为股息收益率是固定的，因此在很多人看来，投资优先股是稳赚不赔的买卖，事实上也大体如此。但是对于像巴菲特这种段位的投资大师来说，只求稳定是不够的，他更喜欢投资可以在一定期限内以约定价格转换成普通股的可转换优先股，因为巴菲特并不看重固定的收益率，固定通常意味着平庸，只有在未来转换成普通股才有可能获得比固定收益率更高的股票长期收益率。

巴菲特在优先股套利方面的经典案例是投资所罗门兄弟公司。

所罗门兄弟公司成立于1910年，是华尔街的著名投资银行。1987年，所罗门遭遇了变故，它最大的股东——矿业资源公司准备出售资产，所罗门的老板约翰·古特弗罗因德面临着可能被恶意收购的风险，因为矿藏和资源公司掌握着所罗门14%的股票，所以古特弗罗因德找到巴菲特帮忙。1987年，巴菲特投入7亿美元购买了所罗门的优先股，成为所罗门最大的股东，华尔街为之震动。两个星期之后，所罗门解聘了800名员工并取消两个部门，减少了6700万美元的开支。1987年8月，道琼斯指数涵盖的全部股票的平均市盈率高达22倍，这个反常现象似乎预示着一场暴风雨即将来临，果然在10月份，道琼斯指数下跌了91.55点，创下单日最大跌幅。巴菲特意识到情况不妙，除了3只永久持有的股票之外，将其余的股票都在10月12日卖掉，而在10月16日就迎来了著名的黑色星期五——道琼斯指数重挫108点。到了10月19日，各个证券交易所都堆满了出售股票的交易单，人们迫切寻找着可以马上套现的股票，甚至巴菲特也损失了3.42亿美元。不过他并没有因此慌乱，反而还和一位老同学在此期间参观了一个植物园。所幸的是，黑色星期五没有引发经济萧条，到了1988年，华尔街的证券交易就恢复了正常。

在金融市场中，利率和债券密不可分，从20世纪70年代到80年代，由于美国经济从繁荣一度走向衰落，导致了金融市场一波三折，国家只好采取调整利率的办法进行调节。可见利率的升降让债券不单纯是获得稳定收入的投资工具，价格波动幅度的增大也让投资债券充满暴利，然而紧随暴利的就是巨大的风险。很多投资者认为，股票市场的高利润和高风险已经向债券市场转移，也让更多的人认识到债券买卖所隐藏的利润。

这场灾难让所罗门遭遇重创，其普通股票价格从原来每股32美元下跌到16美元，跌幅高达50%，市值的缩水让它增加了被人吞并的可能。就在这时，巴菲特看中了所罗门的优先股，先发制人地和古特弗罗因德谈判，对方同意巴菲特"购买所罗门刚刚发行的优先股"的要求；另外，所罗门公司每年须向伯克希尔公司支付9%的股息，这样一来，巴菲特的资金注入让所罗门增加了底气，而之前矿业资源公司持有的所罗门股票也被回购。

巴菲特购买了所罗门的优先股之后，普通股始终没有恢复元气，不过优先股却损失很小，这说明他的投资思路是正确的。1991年，所罗门公司由于违规投标国债事件引发了美国国债市场的动乱，口碑毁于一旦，此时的巴菲特为拯救所罗门而精疲力竭。1992年，当所罗门的情况好转之后，巴菲特离开了所罗门。从1995年开始，巴菲特持有的部分优先股被所罗门公司回购。1997年，所罗门公司被旅行家集团收购，另一部分优先股投资也得以收回。

总的来说，投资所罗门对巴菲特来说是赚钱的，不过他也承认，自己为了挽救所罗门付出了相当多的精力，而这些是无法用金钱来衡量的。不过，后来所罗门因为经营状况日趋恶劣，最终还是没有逃脱被兼并的命运，在被兼并后改名为花旗集团，成为全世界规模最大、利润最多、连锁范围最广、业务项目最全的金融服务机构。由于巴菲特和所罗门的特殊关系，为他日后投资花旗集团创造了有利的条件。2008年经济危机爆发时，巴菲特投资了花旗集团旗下的花旗银行，虽然之后其下跌超过50%，但后来这些股票都被花旗银行回购，巴菲特的盈利达到了57%。

现在，一些人习惯把购买优先股看成是"趁火打劫"，从某种意义上讲也算定义准确。2008年，当时的高盛公司受到美国次贷危机冲击，前景堪忧，此时巴菲特果断出手，投入50亿美元获得股息率为10%的高盛优先股，此外还获得了未来5年内任意时间购入50亿美元高盛普通股的认股权，标价为每股115美元。后来，高盛在2011年恢复了元气，向巴菲特赎回了这批优先股，前提是需要支付10%的股息，巴菲特赚了大约5亿美元。

巴菲特投资通用电气、蒂芙尼等公司的交易时，过程基本上跟高盛公司一样，都是先购买这些公司的"永续优先股"，此外再争取到数量可观的短期股权投资。而"永续优先股"是优先股的一种特殊存在，意思是只要不被赎回就可以永远获得股息，不过通常都会设定一个最低赎回期限，比如3年之后赎回，可以理解为是优先股中的优选。

投资优先股的战略性优势在于，可以在投资市场上做到牛市和熊市可攻可守的境界：如果上市公司经营不善，普通股价格大跌，购买优先股可以拿到固定利息；如果股市大涨则可以将优先股转化为普通股，分享股票上涨的收益，这也是巴菲特为何看重"可转换优先股"的根本原因。

回过头再来捋顺一下：优先股产生的根本原因是上市公司自身出现了严重的问题，既需要融资又达不到再融资的标准，所以只能拿出相对优厚的回报去吸引投资。因此综合来看，优先股对上市公司渡过难关是有帮助的，却往往要付出巨大的代价，那么抓住这个机会的投资者就能在短时间内获得较高的收益，在别人遭遇的风险中找到自己的掘金地。

4.短期套利须谨慎

　　股票套利是一种短期操作，具有很强的投机性，倘若操作得当的话，往往会让投资者赚得盆满钵满，在这方面巴菲特积累了丰富的经验和傲人的战绩。1988年，巴菲特在写给伯克希尔股东的信中表示：本年度伯克希尔在股票套利方面的投资收益非常不错，总的投资是1.47亿美元，最终获利高达0.78亿美元，投资回报率为53%。

　　这就是短期套利立竿见影的变现能力，和长期关注一只股票的成长相比，确实效率更高，也更能提振投资者的信心，不过这并非投资者的最佳选择。事实上，短期套利在证券投资界中并不是什么特别的吸金手段，早在第一次世界大战之后，股票套利的范围就深入各种公开的企业购并、清算以及资产重组等经济活动中。应该说，在大多数情况下，套利者都渴望自己不受股票市场的波动而从中稳定地谋利。那么，套利面对的风险是什么呢？主要是参与套利的企业在购并过程中发生的重大变故等，这些都会影响差价的赚取。

　　巴菲特在格雷厄姆公司上班的时候就开始尝试套利，那时候他经手了这样一桩业务：一家生产巧克力的公司处于亏损状态，不过他们库存了大量的可可亚豆粉，原本可可亚豆粉的成本是每磅50美分，但是在1954年的时候由于原料缺乏导致价格上涨到了64美分，所以这家巧克力公司准备把大量库存在价格下跌前卖个好价钱。不过根据美国税法，该公司如果直接将这批库存卖掉的话，所得的收益就要上交50%左右的税金，这就直接斩断了该公司趁机大赚一笔的念头。

巧合的是，这个时期政府刚刚公布了一项税务法令，因为内容繁多没有几个人从头到尾把它看全，但是有一条引起了巴菲特的注意：如果巧克力公司将库存分配给股东的话就可以免去50%左右的税金。在巴菲特的建议下，该公司马上停止生产可可亚奶油的业务，将1300万英镑的可可亚豆子库存发给股东。当然，股东是需要付钱的，不过他们是用公司的股份折算而不是现金。总的来说，股东和巧克力公司获得了双赢，因为稀缺的原料在他们手中，股份也没有外流，税金得以全免，剩下的就是躺着数钱了。

巴菲特在接连的几个星期内，每天都不断买入该公司的股票，这样股东才能换取更多的可可亚豆子，然后巴菲特就把换来的可可亚豆子拿出去卖掉，与此同时，他还要经常拿着股票凭证去信托公司换取仓库保管单。显然，如果没有那50%的税金制约，操作原本可以不必如此烦琐，但毕竟躲掉了高昂的税率，获得的利润仍然是可观的，而巴菲特唯一付出的成本是地铁车票。

通过复盘可知，这家巧克力公司原本处于亏损的经营状态，但是因为原料的涨价加上巴菲特后续的操作，保持了该公司对稀缺原料的占有，结果这家公司的股价在这段时间内屡创新高，从每股15美元一直上涨到每股100美元，自然，在这个时间内参与套利的投资者都大赚一笔。

短期套利和长期投资玩的是两种不同的思维方式，如果按照价值投资理论，这家常年亏损的巧克力公司有很高的内在价值吗？基本上不具备，他们唯一值钱的库存也不过是在短期内升值罢了，迟早都要跌回到原来的价格。所以从长期投资的角度看，巴菲特绝不会为这样的企业投资，但是在短期套利的逻辑下，这家公司就是最完美的投资目标。

那么，什么情况下投资者可以参与到短期套利中呢？为此，巴菲特提出4个问题让投资者思考：第一，已经公布的事件（比如企业购并新闻）变成现实的可能性有多大？第二，投入的资金需要占用多长时间？第三，发生意外的事情（指正面的利好事件）概率有多少？第四，受制于反垄断法或财务状况出现意外从而让购并案流产的概率有多少？

这四个问题显然不是马上可以回答的，所以巴菲特也承认，在寻找确切答案的过程中要耗费很多精力，对于普通投资者来说并不容易，说得更直白一点就是普通投资者不要轻易参与短期套利。

事实的确如此，以巴菲特参与的巧克力公司套利为例，能有多少投资者对政府的税金法律吃透了呢？如果这一条做不到，后面的套利活动就无从谈起，所以盲目地参与短期套利是可能遇到巨大风险的。

1978年，美国政府准备扩大国家公园的范围，于是就找到一家从事印刷和森林产品的公司Arcata，征用了对方10700公顷的红木林，为此分期付款给该公司9790万美元，作为政府的征地费用，然而Arcata却觉得这笔钱远远不够。1981年，Arcata的董事会通过了把公司卖给美国最大的信托公司KKP的决议，于是就产生了企业购并的新闻，当时计划是以每股37美元的价格购并。

对KKP来说，Arcata存在着很大争议，因为它和政府的交易一直存在争端，搞不好会影响未来的发展，最后KKP决定在原来每股37美元的基础上追加美国政府额外赔偿款的三分之二作为补偿。但是这笔赔偿是需要

KKP对外筹集的，一旦筹措不到足额的资金或者Arcata反悔，这次购并就会半途而废，当然还有其他的额外因素，比如Arcata拥有的红木林到底价值多少，等等。

巴菲特得知这个交易后，从1981年9月开始，以每股33.5美元的价格购买Arcata的股票，先后两个月间一共买了40万股，占到Arcata总股本的5%。1982年1月，Arcata对外首次公布每股价值37美元，也就是KKP的购并价格，这样巴菲特的年投资回报率达到了40%。到了当年12月，KKP购并Arcata的进度一再延缓，巴菲特却以每股38美元的价格继续购买了65.5万的股票，占到了Arcata总股本的7%。到了1982年3月，KKP由于筹集额外赔款不顺利，加上对Arcata发展前景的忧虑，推翻了之前的收购价格，将每股37美元砍到了每股33.5美元，随后又调整到每股35美元。然而Arcata也十分硬气地予以拒绝，并且迅速通过了另一家集团每股37.5美元的报价，最终完成购并。巴菲特在这前后不过6个月的时间里，总计投资2290万美元，最后收回2460万美元，年投资回报率大约在15%左右。

股票套利作为一种短期投机行为，它所面临的风险其实比长期投资更高，因为长期投资会通过相对漫长的时间进行自我调节，而短期投机一旦遭遇某个突发事件，就可能极大地损害自身利益。当然，它也能够带来较高、较快的变现，对于普通投资者来说需要高超的操作技巧。即使是巴菲特这样的投资大鳄，很多套利也是因为运气好而躲过了暗藏的危机。既然如此，普通投资者不要因为短期套利的高收益而想入非非，而是要正确认识自己的能力是否能够驾驭这种操作。

5.为资金寻找出路

华尔街流传着一句名言："给一个人一条鱼，你只能养活他一餐，教他如何套利，却可以养活他一辈子。"和长期投资相比，套利可以满足投资者在短时间内的获利需求，甚至可以拯救投资者的赚钱信心，但是作为投资高手，不仅要懂得如何套利，更要认清套利的本质，要学会在利用这个赚钱工具的同时不被其反噬。

正如我们前面所说，巴菲特一直鄙视投机，他的主要投资业绩也大多是长线投资，但是他偶尔也会进行短线套利，这不仅是一种短期变现的需求，也是在为资金寻找一条出路，所以他很少用"投机"去称呼股票套利，因为从长远的角度看，这种投机是为了弥补投资的某些缺憾而产生的。

对于一些投资者来说，长期投资耗费时间、精力和金钱，一旦出现资金缺口就会捉襟见肘，所以只能用"投机养投资"的方式来弥补。当然，还有一些投资者则面临着相反的情况：资金十分充裕，却没有合适的长期投资对象，这时如果发现了适合短线操作的项目，是继续坚持"永不投机"的原则还是适当放宽要求呢？事实上，巴菲特就是那种资金充足却常常找不到合适投资对象的人，为此他说过一句经典名言："资金总是多过于点子。"这个"点子"既包含了投资策略，也包含了投资目标。当然不可否认的是，巴菲特也不会永远钱多得没处花，他也会偶尔遇到资金不足的情况，这也同样是进行短期套利的动机。

或许在有人看来，闲置资金过多听起来像是天方夜谭，事实上，当你多年活跃在投资界以后，如果从未遇到过资金闲置的情况，那可能就是你对错误的目标进行了投资，并不一定是真的资金不足。如果你不信这个推断，那么回顾一下巴菲特对长期投资目标的要求就可以发现：找到一家形象口碑优良、财务报告良好、管理层优秀的企业是难上加难，但如果抛开这些设定，找一个在几个月内能赚取足够利润的企业就没那么困难了。

巴菲特不止一次表示，股票套利的回报率往往会高于政府国债利息，因此总的来说，套利就是为了减轻短期资金的闲置压力，只有守住这条底线，才能在投资和投机中保持正确的态度。为此巴菲特也不断强调，伯克希尔公司的套利行为和其他很多投资者不同：其他投资者动辄在一年内就会有几十笔套利交易，然而伯克希尔仅仅是参与少量的大型套利。当然，普通投资者会认为这是自己做不到的，其实这个"大型套利"只是一个比较概念，普通投资者只要动用大部分资金参与进去的项目就可以称为大型套利，而不是分散成若干个只有蝇头小利的投资项目。

从这个角度看，巴菲特的套利观吸收了集中投资的某些理念，因为在他看来，如果一个投资者沉溺于多个套利项目，就会不可避免地产生大量的交易行为，这些行为最直接的影响不是为你增加赢利的渠道，而是会蚕食你有限的精力，这也是巴菲特和芒格最忌讳的投资状态。当然，集中资金和精力做少量的投资，就需要敏锐的眼光和较高的注意力，否则一旦有项目失利，就可能将宝贵的资金拱手让人。

1988年末，伯克希尔唯一参与的一次套利是花费2.82亿美元购买了雷诺·纳比斯科公司的334.2万股股票，到了第二年，伯克希尔公司增持这只股票到了400万股，最后在2月全部抛出，一共获利6400万美元，基本上超出了巴菲特之前的预期。从这个案例可以看出，对于像伯克希尔这样体量的投资公司，几个月内只参与一个短期套利项目似乎有些少，特别是之前的套利都以赢利完美收官后，很多人认为巴菲特应该继续扩大这方面的投资，毕竟是为了"缓解闲置资金压力"，然而巴菲特却没有这样做。

需要注意的是，投资者不能走入一个误区：一旦套利连续成功后，就会在潜意识里为短期投资留下一部分资金，反而把那些可以参与的长期投资列入"继续观察"的投资项目，这就是本末倒置，也是目光短浅的表现。伯克希尔之所以没有在几轮套利后追加投资，是因为巴菲特发现了一些适合长期投资的项目，于是就果断调动闲置资金进入。这种在诱惑面前的冷静和理智值得投资者去学习，哪怕你手中的闲置资金少得可怜。对此，巴菲特还不忘提醒大家：套利活动的风险是明摆着的，任何人都不能忘乎所以。

那么，如何判断是该进行短期套利还是长期投资呢？这个当然没办法列出一个公式，不过可以用事例来说明。

1987年，当时美国的道琼斯工业指数上涨了35%，如果用价值投资理论去分析，当时有不少企业的股价高于其内在价值，这显然不是一个适合投资的时间节点，所以巴菲特决定在当年9月开始套利。

这个案例或许可以比较清晰地让人明白：当投资市场处于"亢奋"状态时，做长线是没有多大意义的，因为内在价值最终会揭开那些徒有其表的股票的遮羞布，反而不如做短期套利。巴菲特也直白地表示，自己这辈子可能做了300桩套利（实际上可能更多），他之所以没有放弃这个领域，也是出于对"市场不会犯错"这一理论的反对甚至是嘲讽。

"市场不会犯错"其实就是"市场效率理论"。该理论坚持认为股票市场上的全部公开信息都可以反映在股价的变动上。这就直接无视了内在价值理论，换句话说就是股价变多少企业的内在价值也跟着变多少，这显然是对很多新手投资者的一种误导，会引发人们"追涨杀跌"的念头。

既然巴菲特认为市场也会犯错，那短期套利就是趁着市场犯错的时候，把价值投资理论暂时放在一边，趁着市场处于混乱之际寻找赚取差价的漏洞，而这种行为客观上也是在肯定内在价值理论的正确性：套利只能是短期行为，因为时间一长就会原形毕露。

一般来说，股票套利的回报率要高于股市的年平均投资回报率，所以巴菲特也承认这是短期资金的最有效出路，但他绝不会在手头紧的情况下通过借贷的方式去投资一个被看好的套利项目，主要原因在于："这些企业活动实在是没有太大的经济意义。"没错，巴菲特始终不忘用内在价值去考量一个企业的长远投资价值，所以套利对巴菲特来说，用"搂草打兔子"来形容是很贴切的。

套利就是投机，这个根本属性不会变，所以巴菲特从来不会像那些套利客一样痴迷于此，他认为那些专门从事套利的投资者每年至少要参与几十个项目，但伯克希尔不可能拿出如此多的时间用来盯着计算机的屏幕，因此巴菲特在套利这个问题上始终表现得十分克制，他要抽出更多的时间和精力用来关注目标企业的长期发展状态。巴菲特在写给股东的信中，并没有讲述太多和短期套利有关的经典案例，因为他不想让股东对这件事产生浓厚的兴趣，这是他作为一个投资者的职业觉悟。

总的来说，套利在巴菲特的投资业绩中占有一席之地，不过巴菲特依然坚持安全边际原则，这是他作为专业投资人的底线。虽然绝大多数普通投资者达不到巴菲特的水平，也不可能拥有和他一样多的资源，但至少应该清楚在投资市场上"有所为有所不为"的道理，因为人一旦放弃底线和原则，距离崩溃也只是时间问题了，更不要说是在风险和机遇并存的投资界。

第

十

章

经典投资案例：“股神”那些年的神操作

1.大手笔收购可口可乐股票

1989年，很多关注证券新闻的人被一条消息惊呆了——伯克希尔·哈撒韦动用10.2亿美元购买可口可乐的股票，占到可口可乐公司股本的7%。大家之所以感到意外，是因为之前唯一能把可口可乐和巴菲特联系在一起的，就是他喜欢喝这种饮料，却没想到他竟然斥巨资购买了可口可乐的股票，这毫无疑问是巴菲特又一次大规模的投资。

巴菲特为何要购买可口可乐公司的股票呢？其实这和他的投资观念和经营风格不无关联。在经历了几轮股灾之后，巴菲特总结出一条经验：做自己能力范围内的事。简单说就是不用以借贷的方式去投资，能收购多少就收购多少。恰巧在20世纪80年代末，可口可乐的业绩不断下滑，这主要是受到1987年股灾的影响，而到了1990年，可口可乐的净资产收益率只达到了39%。

套用价值投资理论来解释，这就是可口可乐的股票价格远低于内在价值，自然是出手买入的绝佳机会。同样对可口可乐来说，有巴菲特的资金注入，或许也能赢得新的转机。当然，在不少旁观者看来，巴菲特投资可口可乐无异于在填补一个无底洞，因为他们并没有看到可口可乐的潜在价值。巴菲特告诉那些质疑他的人："给你一条鱼，你只要能够吃到鱼身就行了，难道你还想把鱼头和鱼尾一起吃下啊！投资股票就像是吃鱼，投资者只需赚取空间最大的那部分利润。当看到股价涨起来了，不要追风跟进。有些人在投资股票的时候常常把事情弄得很复杂，导致他们得到了相反的结果。"

这段话说得生动形象：可口可乐虽然遭遇了短暂的危机，但危机并没有吞噬它原有的价值，只要这部分价值存在，那么巴菲特在未来就可以获得回报，更何况可口可乐不会永远一蹶不振，这也是在变相阐述巴菲特提出的经典名词——伟大的企业。

只有伟大的企业，才能不断利用巨额资金获得高回报，而可口可乐公司自身具备的强大品牌号召力就是伟大企业的重要特征之一。至于这个"伟大"到底值多少钱，巴菲特表示，如果给他1000亿美元，同时让他放弃可口可乐在市场的领先地位（也就是卖掉股权不再投资），他会坚决地把钱还回去。

或许对今天的人来说，巴菲特投资可口可乐的行为很容易理解，但这毕竟是开启了上帝视角，其实回到那个证券市场波动的时代，没人敢保证可口可乐不会倒闭，因为可口可乐的前主席道格拉斯就表示，可口可乐公司的创业者绝对不会想到它会有今天的成绩。没错，可口可乐几经磨难之后，终于取得了一个里程碑式的发展，而巴菲特洞察到了这一切，所以才坚定不移地投资10亿美元。时至今日这仍然是伯克希尔最大的单笔投资，让华尔街都感到震撼。2008年，可口可乐公司的股票走出低谷，股价上升了45%，达到每股58美元。

实际上，巴菲特和可口可乐的关系可以追溯到童年时代。他曾经卖过可口可乐，也亲眼看见了可口可乐的成长，然而他始终没有出手，反而是投资了纺织厂、百货公司这些企业。即便在1986年可口可乐的子品牌樱桃可乐被伯克希尔选为年会的官方饮料时，巴菲特依然没有产生投资的想法。但是巴菲特比大多数人更了解可口可乐，它是世界的饮料巨头，在全世界200多个国家销售超过500种充气和不充气饮料，其中有15个品牌估值超过10亿美元，比如健怡可乐、芬达、雪碧等。

通过巴菲特投资可口可乐，我们可以从中发现不少巴氏的投资法则。

第一，简单易懂。

巴菲特一直强调投资者选择自己熟悉的行业，其中就包括那种之前不熟悉但只要稍加了解就能产生一定认知的行业，比如可口可乐。它的运营机制十分简单：先是采购大宗的原材料，然后根据配方生产浓缩原浆，再把原浆卖给装瓶商人，把浓缩原浆和其他成分制成成品，最后装瓶商人将成品卖给零售商，比如连锁超市、便利店等，也包括一些快餐店。理解这样的运作模式不需要专业的知识或者丰富的经验，所以一旦出现问题也容易进行分析。另外，投资者对饮料产品可以通过线下考察和调研的方式直接进行，比如去超市、便利店了解哪种饮料更受大众欢迎。

第二，前景光明。

判断一个企业的生命周期是非常困难的，因为这里面既有定数也有变数，即便是巴菲特也不敢轻易下定结论。曾经有人问他，为什么不早早地购买可口可乐的股票呢？巴菲特讲了很多，但最核心的内容是：他必须确定销售会增长、市场行情良好以及管理层的变动。

在20世纪70年代，可口可乐的经营状态并不稳定，要么陷入虐待农民的指责中，要么被环境保护者抨击污染环境，还出现了很多授权问题和可乐罐爆炸事件，导致可口可乐的品牌形象一落千丈；更要命的是，1962年走马上任的总裁保罗·奥斯汀独断专行，花费巨资打广告，还搞起了荒唐的跨界经营，比如投资水产项目和购买酒厂，这些都背离了可口可乐的核心价值和战略方向，导致整个70年代可口可乐岌岌可危。

到了80年代，可口可乐虽然在股票市场的业绩不好看，但饮料的商业属性继续保持，也依然保有了部分的市场口碑，毕竟只要存在一部分忠诚的用户就具备转化潜在用户的可能。更重要的是，1980年罗伯托·戈伊苏埃塔成为可口可乐的董事长之后，公司的经营和管理也走上了正轨。种种迹象表明，可口可乐虽然在业绩上仍没有达到巅峰，却朝着光明的方向发展，所以巴菲特才打定主意投资。

第三，持续经营。

持续经营最积极的结果并不是销量，而是用户，即便在70年代可口可乐面临舆情危机，但这个从1886年就创立的品牌在美国乃至全世界有着相当高的知名度，简单说就是"容错率"很高。所以犯同样的错误，一个新品牌可能直接死掉，但是一个老品牌往往有东山再起的机会。而且，可口可乐的持续经营也包括了"专一性"，它只卖饮料，品牌符号高度具象化，让人们一听到这个名字就会联想到炎炎夏日开怀畅饮的舒爽。为此，巴菲特不无感慨地表示："很难找到一个公司能与可口可乐相比较，有10年的记录、销售不变的产品。"

第四，利润率高。

在1980年的时候，可口可乐的税前利润率低至12.9%，到此时已经连续下跌了5年，而它在1973年利润率是18%。这个负增长让巴菲特迟迟没有下定决心，因为他也不确定在80年代可口可乐的利润会不会有再增长的可能，直到1988年可口可乐的利润率攀升至创纪录的19%，这才终于让巴菲特打定了主意。

第五，净资产收益高。

净资产收益率是巴菲特经常挂在嘴边上的词，这也是最能体现一个企业变现价值的参考，无论可口可乐拥有多少忠诚的用户和口碑沉淀，都要拿资产回报率来"验明正身"——证明是否真的能给投资者带来回报。为此，巴菲特认真分析了可口可乐100年的业绩记录，发现它在大多数年份的资本回报率都高于平均水平，这足以称得上是一个奇迹。到了1988年，可口可乐公司的净资产回报率达到了31%，这个数字是非常吸引人的，而这还是在经历了1987年的股市崩盘之后的结果，这也让巴菲特有理由相信可口可乐的抗挫折能力强于很多普通企业。

第六，收购价格吸引人。

内在价值再高，倘若处于股价的暴涨阶段，巴菲特也不会出手的。当然所谓的收购价格很难量化，毕竟每个人的认知水平和信息来源不同，心理价位自然也不同。就巴菲特来说，他对可口可乐在1988年到1989年的估值是207亿美元，而其市场估值只有151亿美元，巴菲特确信自己看准了其最真实的内在价值，因此151亿的估价意味着可口可乐被市场看低了，这正是一个出手的好机会。事实证明巴菲特没有错，在他买入可口可乐的股票10年之后，可口可乐公司的市值从258亿美元上升到1430亿美元。

截至2021年3月31日，伯克希尔的前四大持仓中包括了美国运通、苹果、美国银行以及可口可乐，这说明可口可乐在整个投资体系中的重要性和稳定性。时至今日，巴菲特持有4亿股可口可乐的股票，市值超过200亿美元（2021年数据）。根据一些海外媒体的报道称，巴菲特持有可口可乐的成本价大概在3.25美元上下，而如果按照56美元的价格计算（2021年7月29日数据），可口可乐为巴菲特带来的资本回报率超过1500%。这期间，可口可乐的股票经历过几次较大降幅，巴菲特依然没有减持可口可乐，或许这就是"肥宅快乐水"的真正魅力所在。

2.《华盛顿邮报》是怎么被搞定的

　　青少年时期的记忆，有时候会比成年之后的记忆更让人深刻，因为它正处于世界观和价值观的养成和塑造阶段。巴菲特在青少年时期的送报经历成为他参与社会实践的重要组成部分，他学到了如何用统筹方法高效地送报纸，也懂得了如何用市场调研的方式抓取客户，这些朴素的经商技巧成为巴菲特日后创业的"思想火种"。

　　在巴菲特接触过的报刊中，有两份报纸让他记忆犹新，一个是《华盛顿邮报》，另一个就是《时代先驱报》。当巴菲特成长为一个真正的投资专家以后，仍然对报业有着强烈的兴趣。1969年，巴菲特购买了奥马哈的地方报纸——《奥马哈太阳报》，这是他投资的第一家报社。虽然《奥马哈太阳报》没有为巴菲特带来多大的利润，却成为巴菲特投资报业的初次试水，至此，巴菲特就萌生了再投资一家有发展潜力的报纸的想法。

　　经过巴菲特的长期关注和研究，他发现《华盛顿邮报》在20世纪80年代时社会影响力日渐增大，一度成为普利策新闻奖的宠儿，其他报纸很难与之相提并论。于是，巴菲特对其从一般性的关注升级为专业性的考察，他和助手一起了解《华盛顿邮报》的全部情况。经过调查得知，当时的《华盛顿邮报》拥有四家电视台、一本名为《新闻周刊》的杂志和印刷工厂，不过这些资产都是不公开上市的，因此很难准确估价，最后巴菲特按照自己的经验给它们估值到4亿美元。相比之下，《华盛顿邮报》的市值却并不高，只有1亿美元左右。有意思的是，华尔街的不少基金经理认为《华盛顿邮报》股价不稳定，所以普遍都不敢长期持有。人气不旺、投资者信心不足，这就是当时《华盛顿邮报》在大部分投资者眼中的形象，而这也恰好给巴菲特创造了机会。

《华盛顿邮报》的发展一直是跌跌撞撞的。早在1931年的时候，它就是华盛顿五家阅读最为广泛的日报之一，然而仅仅两年之后就因为拖欠印刷费用而处于被接管状态，后来金融家尤金·迈耶花费82.5万美元将其买下。在接下来的20年中，《华盛顿邮报》转亏为盈，后来报纸的管理权转给了菲利普·格雷厄姆，也就是迈耶的女婿。20世纪50年代，菲利普劝说迈耶买下了竞争对手《时代先驱报》，后来又收购了《新闻周刊》和两个电视台。但是雄才大略的菲利普后来因为神经紊乱而自杀了，这样《华盛顿邮报》的管理权就转移到了他的妻子凯瑟琳手中。

凯瑟琳用坚强的态度控制着《华盛顿邮报》，早年的记者职业经历给了她些许帮助，不过她很快就感受到了身处高位的压力，虽然她没有管理大型企业的经验，不过在遇到商业活动中出现的问题时总是反应快速地解决，终于站稳了脚跟。

从战略布局来看，《华盛顿邮报》思想不够开阔，所以凯瑟琳聘请了本杰明·布拉德利出任报纸主编，他们两个人合力将《华盛顿邮报》打造成美国新闻界首屈一指的报纸。1971年《华盛顿邮报》股票上市，凯瑟琳冒着尼克松政府施加压力的风险，发表了"五角大楼文件"，披露了美国在越战中的一些秘密档案，一时间成了最抢眼的报纸，被人们看成新闻界的喉舌。

不过，此时的《华盛顿邮报》在经营方面并不成功，尽管它拥有很大的市场份额，但是利润率只有10%，而且它的电视业务也非常糟糕。在《华盛顿邮报》的股票上市后，凯瑟琳加快了改革公司的进程，不过它在华尔街的表现依然不让她满意。

当时《华盛顿邮报》发行两种股票，A股可以选举公司董事会的多数成员，B股只能选举董事会少数成员，凯瑟琳持有50%的A股，这样就能以较少的股份达到控制公司的目的。在凯瑟琳授权布拉德利出版水门事件调查文件之后，也就是在1972年，《华盛顿邮报》的A股和B股价格飙升，从1月的24.75美元涨到12月的38美元。然而在进入1973年以后，随着道琼斯工业平均指数开始下滑，《华盛顿邮报》的股价也受到波及，在当年5月跌到了23美元。就在这个时期，巴菲特偷偷地购买《华盛顿邮报》的股票。到了当年6月，巴菲特以22.75美元的均价买入46.715万股《华盛顿邮报》的股票，总投入为1062.8万美元。

巴菲特的这一举动引起了凯瑟琳的紧张，因为一个非家族成员的外人拥有这么多的公司股票，即使没有控制权也仍然让人担心，谁也不知道对方下一步要做什么。为此巴菲特还告知了凯瑟琳，自己只是为了投资。后来为了安抚凯瑟琳，巴菲特将拥有的投票权授予凯瑟琳的儿子唐·格雷厄姆代为行使，这样一来，凯瑟琳终于对巴菲特消除了警戒之心，于1974年邀请巴菲特加入董事会并出任《华盛顿邮报》的财务委员会主席。

巴菲特的加入对《华盛顿邮报》作用重大，巴菲特在20世纪70年代的印刷工人罢工期间，协助凯瑟琳共渡难关，还传授给她的儿子如何经商、如何成为优秀的企业家等技巧。不夸张地讲，巴菲特的加入，不仅给《华盛顿邮报》带来了资金，更送去了重新起飞的动力。那么，巴菲特投资《华盛顿邮报》又能体现出哪些投资法则呢？

第一，发展前景的判断。

巴菲特认为，一家具有主导地位的报纸，自然也具有较高的经济价值。在20世纪80年代早期，美国当时有1700家报纸，其中大约有1600家没有直接的竞争对手，也就是说一家三流报企也能获得可观的收入，更不要说像《华盛顿邮报》这种高质量的报纸了。而在当时，很多广告主首选的投资对象就是报纸，只有报纸才能实现最快的信息传递。另外，由于报纸对资本的需求不高，这就让它能够快速地将销售额转化为利润，哪怕是再引进一些昂贵的电脑排版印刷系统也不会带来成本压力，这些因素都决定了报纸在未来一段时间内的生存状态。

第二，价值确定。

《华盛顿邮报》在1973年的总市值为8000万美元，不过巴菲特却说："大部分证券分析师、媒体经纪人、媒体执行层都将公司估值为4～5亿美元。"为何巴菲特会做出这样的估值呢？他是这样计算的：1973年《华盛顿邮报》净利润是1330万美元，加上折旧和摊销的370万美元，再减去资本支出的660万美元，最后得出的股东盈余是1040万美元。当时美国政府的长期国债利率是6.81%，如果用股东盈余的1040万美元除以6.81%，那么《华盛顿邮报》的价值就达到了1.5亿美元（这个计算方法就是反推，通过收益除以利率来推导出总的估值），而1.5亿美元相当于《华盛顿邮报》股票市值的两倍。

不过，这个结果和巴菲特的估值相比依然存在差距。在他看来，一个报类企业的资本性支出最终将等同于折旧和摊销，如果这样计算的话，《华盛顿邮报》的净利润基本上和股东盈余持平，也就是可以理解为无风险利率（是指将资金投资于某一项没有任何风险的投资对象而能得到的利息率），而无风险利率必然会高于之前提到的国债利率的6.81%，最后根据巴菲特的计算，《华盛顿邮报》的估值是1.96亿美元。但是这还不够准确，巴菲特又综合考虑了通货膨胀等因素，特别是考虑到凯瑟琳的领导能力，最后得出的结论是，《华盛顿邮报》的总估值达到了4.85亿美元。

巴菲特的这个计算公式比较复杂，因为他综合了通胀率、税率以及利润率等多个因素，更重要的是他依靠了多年积累的经验，所以我们能学到的是巴菲特的计算逻辑，但不能直接套用他的计算公式，因为计算公式中涉及很多变量，还涉及对企业决策层的"能力估值"，这些是很难量化的，需要有丰富的估值经验。总之，巴菲特对《华盛顿邮报》的估值结果高于市面上的估值，这让他相信《华盛顿邮报》的内在价值被低估了。

第三，通过净资产收益率判断生存能力。

在巴菲特购买《华盛顿邮报》的股票时，它的净资产收益率是15.7%，这在整个报业中属于平均值，不高也不低，然而在不到5年以后这个回报率翻了一番，在接下来的10年里它继续保持这种迅猛的势头，在1988年达到了36%的新高。因此，巴菲特认为，《华盛顿邮报》不仅有超越同行的能力，也有超越历史水平的能力，这足以证明《华盛顿邮报》即使在负债经营的情况下依然具有赢利能力，也从侧面证明了它的抗风险能力。这完全符合一个长期投资目标的基本要求，让巴菲特可以放心大胆地长期持有。

总的来说，巴菲特对《华盛顿邮报》的价值分析大体上是正确的，但我们也知道这里有一条存在问题，那就是对报业前景的预测，毕竟在那个年代没有互联网，巴菲特也不可能预测出传统纸媒在进入21世纪之后会衰落，这也就导致了《华盛顿邮报》的最终结局：2013年它以2.5亿美元的价格被卖给了亚马逊。2014年，伯克希尔最终退出了对《华盛顿邮报》的股权投资，如果不计算股息分红的话，它在40年间的收益达到了100倍。

时代的发展和科技的进步，这些都很难被提前预知，所以巴菲特对《华盛顿邮报》的前景分析无法超脱于那个时代，但从短期内来看，巴菲特还是看准了《华盛顿邮报》的真正价值，也正是这一笔历尽几十年的沧桑投资，让巴菲特当之无愧地成为投资大师。时至今日，巴菲特依然热衷于收购一些地区小报，而它们的受众人群往往只有千把人，但是巴菲特仍然对报纸存在一种执念，在他看来，互联网无论怎样发展都不能完全消灭这些区域性的纸媒。对此我们不做评价，或许这也是巴菲特对报童经历的一种怀念和延续。

3. 富国银行：真放弃还是假动作

投资一家银行会有什么样的回报？银行是否比一般企业更不易倒闭呢？相信这是很多新手投资者的常见问题。其实银行并没有比普通企业更闪亮的光环，它可能会亏损，也可能会倒闭，但是投资银行绕不开基本的经济学原理。

20世纪90年代，美国西海岸的房地产市场进入供大于求的窘境，这直接导致了美国银行业股价普遍大幅下跌的连锁反应，而当时美国最大的房地产贷款银行——富国银行，自然也被卷入时代的旋涡之中，股价常年在低位徘徊，从1988年到1990年底，市盈率从6.5倍降到了4.3倍，1990年总资产为562亿美元，净资产为29.6亿美元。虽然从客观上看，富国银行的各项指标都还过得去，但是整个行业的危机难免会对其造成影响，更重要的是，人们对房地产的未来忧心忡忡，这对于一家银企的发展是非常不利的。

不过，行业震荡并不能遮蔽企业本身的优秀，巴菲特对富国银行仍然抱有很大的希望，他在1989年就已经买入了约85万股的股票，每股成本差不多为70美元，而在1990年随着股价下跌，巴菲特再次大幅度买入，到了当年底一共持有500万股，占富国银行总股数的9.7%，总买入成本高达2.89亿美元。

巴菲特之所以大手笔投资富国银行，是因为他看到了富国银行的管理层十分优秀，能够较好地防控贷款风险，哪怕整个房地产行业发生大幅度的下调也不会造成重大亏损。为此，巴菲特在1992年和1993年继续增持了富国银行的股份，到了1993年底，巴菲特一共持有679万股，总成本为4.23亿美元。

因为富国银行的净资产一直在提高，而股价却没有大幅度的下跌，所以在1993年底，富国银行的投资收益率已经达到了10%，股价上涨到了每股137美元。随着净利润的逐步增加，未来的市场行情也越来越被看好。到2000年底时，富国银行的市净率（每股股价与每股净资产的比率，比率越高越好）高达3.6倍，而此时伯克希尔持有的富国银行股票市值高达30.7亿美元，总收益率为9.61倍。不过在进入2005年以后，富国银行的股价估值不断降低，但巴菲特并未因此沮丧，反而坚信它的内在价值被低估了，所以几乎每年都在增持富国银行的股票，尤其是在2008年金融危机以后，巴菲特更是提高了增持的幅度。

和可口可乐相比，富国银行的投资风险要高出很多，因为人们很难想象可口可乐有一天会倒闭，即便有百事可乐这样的劲敌，世界上仍然有坚持喝可口可乐的忠诚用户。但是银行的运作却完全不一样，以富国银行为例，它可以被同级别的任何一家银行取代，因为客户对银行的忠诚度要低于对一款饮料，而银行破产在历史上也是屡见不鲜的。不过，这些不利因素并不能阻碍银行成为一个绝佳的投资目标。在巴菲特看来，只要管理层知人善任，让银行保持20%的净资产收益率，就不会遭遇严重的问题。

巴菲特曾经这样评价银行："银行业不一定是个坏生意，但经常是。"而芒格则认为投资银行就是将赌注压在经理人身上，因为只有这些出色的决策者和管理者才能更快更好地解决问题。正是因为投资银行要特别关注"人"的作用，才导致了一种不可控性，这种不可控性决定了富国银行之后的命运。

2016年，富国银行被爆出了"假账户"丑闻。根据《洛杉矶时报》报道，富国银行从2011年开始，员工在客户不知情的情况下，偷偷地用客户名义秘密开设超过两百万个虚假银行账户，目的是骗取费用，提升销售业绩并赚取奖金。根据美国消费者金融保护局的指控，富国银行员工私开的200余万个账户中有150万个涉及存款账户，还包括了56.5万张信用卡，员工将卡上的资金挪到新开的账户中，而客户会因为账户余额不足缴纳银行的管理费、信用卡透支费、滞纳金等费用，富国银行等于抢了客户又罚了客户。2016年9月，美国消费者金融保护局对富国银行进行了高额处罚，勒令其将非法所得250万美元返还给客户并处以1亿美元的罚金，由此成为美国消费者金融保护局开出的最大额度的罚单。

"假账户"事件导致富国银行的声誉一落千丈，不仅遭到巨额罚款还因此开除了5300名员工，而银行的首席执行官约翰·斯顿夫也因此离开了原有岗位。更糟糕的是，富国银行从此就遭到了美联储的强监管。

据不完全统计，伯克希尔在富国银行先后投入至少127亿美元，购买了该行10%的股份（超过10%则需要向美联储申报，对后期的运营管理十分不便），巴菲特一度坚信长期投资富国银行能够获得更高的回报，然而从2020年第三季度开始，巴菲特开始减持富国银行的股票，截至2021年3月，巴菲特对富国银行股票减持的规模达到了98%！几乎是清仓式的减持，最后仅仅剩下67.5万股的股票。

巴菲特的这番操作，让很多笃信价值投资理论的人震惊了：难道巴菲特认为富国银行的内在价值被高估了吗？其实这番操作很值得玩味，我们首先要弄清楚的是，巴菲特投资富国银行并没有亏损，具体赚了多少，众说纷纭，不过坊间最流行的一句话是"十年十倍"。根据现有的资料推断，10倍收益作为保底是没问题的。但更多的人关心的是，巴菲特的减持是否代表着富国银行将真正走向下坡路了呢？

作为普通人，很难揣摩到投资大鳄的真实想法，从明面上掌握的情况来看，富国银行被爆出的丑闻恰恰是因为"人"而引起的，这意味着曾经被巴菲特看好的优秀管理层已经变质，不再具有成功运营银行的能力，而这个意外的变化自然也会导致内在价值的降低，这不是巴菲特事后诸葛亮，而是人这个因素本来就不好预判。

当然，还有一种观点认为，巴菲特此举是以退为进，毕竟伯克希尔还拥有大量的闲置资金，但市面上却少有合适的投资目标，那么对富国银行清仓式的减持，就会引起新一轮的股价下跌，毕竟股神都跑了没有几个人会坐得住，但这样一来，富国银行低迷的股价又是一个买进的绝好机会。

两种观点孰对孰错，目前很难下定结论，毕竟抛售和买入是证券市场的常态，即使是清仓也不能代表巴菲特对富国银行真正失去了信心，但是巴菲特的确因为购买富国银行的股票而赚得盆满钵满。值得注意的是，巴菲特这边出售富国银行的股票，那边却到日本疯狂扫货，投入62.5亿美元分别收购了日本五大综合商社略高于5%的流通股，引发全球关注。巴菲特就此成为日本三菱商事、伊藤忠商事、三井物产、住友商事和丸红的大股东之一。一般认为，这是巴菲特面对疫情和贸易摩擦之下分散在美国投资风险的重要一步棋。

回顾巴菲特和富国银行的关系，我们不难发现，当初他做出的正确决策是他看清了左右银行业绩的关键——管理层，不过颇有讽刺意味的是，造成富国银行今天不利状况的因素依然也是人。或许，这就是连股神也无法掌控的不确定因素，也充分展示出投资行业的冒险性和刺激性，但即便如此，也无法掩盖投资活动本身的魅力所在。

4. 如何从ABC疯狂吸金

有些企业注定不是"伟大的企业"，但是它可以在发展阶段的某个时间点上产生相似的作用，让人们认为它是"伟大的企业"并从中赚取丰厚的回报。

20世纪80年代中期，巴菲特一鼓作气收购了几家具有发展潜力的公司，这个阶段也是他收购生涯中最为辉煌的阶段。

1985年2月的一天，大都市公司董事长汤姆·墨菲打电话给巴菲特，称自己买下了美国广播公司，让巴菲特教他如何付账。这个消息让巴菲特精神起来，这意味着他之前的所有努力终于有了回报。

美国广播公司简称ABC，在全世界范围内都颇具影响力，它从全国广播公司旗下的一个广播网发展起来。而全国广播公司曾经是美国最大的广播公司，同时拥有蓝色广播网和红色广播网两个网站，但是因为美国在1940年规定一家广播公司只允许有一个广播网，因此被迫进行了拆分，将实力稍差一点的蓝色广播网卖给了爱德华·诺布尔公司，1945年正式改名为美国广播公司，不过大家还是习惯称其为ABC。

显然，ABC在诞生之初竞争力不强，因为当时已经有美国全国广播公司和哥伦比亚广播公司这样的行业巨头。1953年，ABC被联合派拉蒙剧院公司收购，由于联合派拉蒙剧院公司当时推出了一系列高质量的节目，让美国民众对ABC的印象得到了大幅度的改观，其赢利能力也进一步提高了。1954年，ABC获得了《米老鼠俱乐部》和《迪士尼乐园》两个动画片的放映权，顿时征服了美国的青少年儿童市场，随后ABC又争取到了西部电影的放映权和一些热门体育赛事的转播权。1959年，ABC获得了全美足球大赛等众多体育赛事的独家转播权，在1961年又推出了《体育的疯狂世界》和《美国体育》两档热门节目，至此ABC终于有了和两大行业巨头对抗的资本。1977年，ABC在播出火爆电视剧《根》以后，创造了1.3亿观众收看的纪录，打破了美国电视播出史的纪录。

ABC瞄准的受众群体是城市中的年轻群体，因此不断寻找适合他们的高档电视节目，其中以体育节目为主，这个策略让ABC的市场竞争力持续增强。另外，ABC的廉价广告费用也吸引了不少广告商前来投放，不过在重大体育赛事播出的时段广告费价格并不低，最高达到了5秒钟几百万美元的天价。进入20世纪80年代以后，ABC已经发展成为主打体育栏目的媒体平台，特别是在1984年斥资3亿美元购买了1984年洛杉矶奥运会的转播权，从此在美国民众心目中占据了重要地位。

对于ABC这类一路成长的企业，巴菲特不可能不关注。早在20世纪60年代，巴菲特就开始分析ABC公司在股市上的表现，认定这是一只潜力股，但巴菲特当时手中缺乏资金，不过他打定主意：一旦有钱了就要购买ABC的股票。后来，巴菲特断断续续购买了ABC2.5%的股票，但是这一点投入对他来说还是太少了。

巴菲特认为，ABC简直就是一棵摇钱树，因为它有分布在全美的电视网络，价值高得难以估量。事实上，其他投资者也认为ABC是80年代最有投资价值的媒体，那段时间里，ABC的股东权益报酬率高达17%。不过，后来的ABC却因为经营不善走上了下坡路，这也是墨菲向巴菲特求助的原因。经过实地考察，巴菲特看到ABC装修奢华的大楼，他认为这是一笔不必要的开支，此外还有年薪6万美元的花匠和墙上价值不菲的挂画等，这些都增加了ABC的运营成本。

巴菲特和墨菲在20世纪60年代就认识了，当时墨菲就邀请巴菲特加入大都会的董事会，不过被巴菲特婉言拒绝了，但二人之间一直保持着密切的联系。1977年，巴菲特投资了大都会的股票，不过在第二年就卖出了所有股票并因此获利，具体原因却没有解释。

1984年12月，墨菲和ABC的主席伦纳德·戈登森取得联系，表示想将两家公司合并，很快就遭到了拒绝。不过墨菲没有放弃，他在1985年又一次联系上了戈登森，由于当时的联邦通信委员会通过了允许一个公司拥有12家电视台和广播电台的新规定，戈登森经过再三考虑，认为与墨菲合作可以壮大ABC的声势，更重要的是他已经79岁高龄了，正在物色合适的接班人，而墨菲在当时被认为是优秀的经理人，可以为ABC提供正确的决策，于是戈登森开始和墨菲商谈收购事宜。

在双方进行谈判时，墨菲带上了巴菲特。当时大都会给ABC的出价是每股121美元，总计要付出35亿美元的收购价格。当然，大都会没有这么多钱，需要从银行借款21亿美元并出售那些不再被允许持有的资产，但最后仍然存在5亿美元的资金缺口。巴菲特掏出了这笔钱，毕竟ABC一直是他心心念念的投资目标。除此之外，巴菲特还答应了墨菲的请求，正式加入了董事会，参与到ABC的商业决策中。

让巴菲特没有想到的是，在购买ABC之后，他发现经济效益并没有预期的那么理想，原来此时的ABC的经营状况急转直下，无论是黄金时段的节目还是新闻节目都在三大电视网（另外两家即美国全国广播公司和哥伦比亚广播公司）中垫底，甚至曾经的强项体育类节目也同样亏损。最终的结果就是，巴菲特接手ABC之后的第一年就亏损了8000万美元，而且这还是在墨菲节衣缩食的前提下——他连开会都是乘坐出租车；此外，墨菲还实施了裁员、减少不必要的开支等多项措施，这些都得到了巴菲特的全力支持。

虽然墨菲努力进行大刀阔斧的改革，但是传媒业的竞争却日趋激烈，当时的情况就是电视节目和报纸多得让人看不过来，甚至有人提出要收购ABC。而巴菲特坚决拒绝，因为他想让这家公司尽快恢复到往日的雄风。为此，巴菲特以稳定人心为改革策略的核心，很快就让ABC的电视业务稳定下来：白天播放肥皂剧，晚上播放新闻栏目。从1985年到1991年，巴菲特先后投资15亿美元，让合并后的大都市·ABC的市值从29亿美元增长到了83亿美元，他也从中获利27亿美元，换算下来就是每投入1美元就能获得2～3美元的回报。

巴菲特参与收购ABC，突出体现了他一贯坚持的两大投资法则。

第一，抗拒惯性驱使。

虽然ABC一度经营出现了问题，但总体来看收入还是有一定保障的，现金流也相对充足，从1988年到1992年，大都会公司总计产生23亿美元可支配现金，而ABC的管理层没有浪费这些闲置资金，他们积极地把这些钱投入新的业务和领域中，不断扩张公司的版图。比如墨菲就在1990年花费6100万美元进行了一次小型收购，而收购和兼并就成为大都市公司重要的成长方式，而且墨菲信守"拒付高价"的原则，即便资金充足也不会当冤大头，必须等到价格合适才出手。

从这个角度看，大都会公司在墨菲的带动下，整个管理层具有积极进取的意识，他们不会被动地享受合并之后带来的红利，而是时刻充满对传媒行业的危机感。毕竟时代在变化，依靠惯性思维去看ABC只能得到麻醉自我的结论，而这正是巴菲特愿意投资并参与到管理活动中的重要因素。

第二，"一美元前提"。

巴菲特认为，一个长期前景优良并愿意为股东着想的公司，会不断提升公司的市场价值，主要体现在如何合理地使用留存资金方面，因为这关系到企业能否获得可观的回报。但是怎样才算是"合理使用"，巴菲特给出了一个指标：公司每留存一个美元的盈余，至少应该创造一个美元的市场价值，倘若市值的提升超过留存的数量就更好。通过"一美元前提"，巴菲特认为可以快速判断出一家企业是否存在着投资吸引力，也能衡量该企业的管理层是否能为股东创造价值。

从1985年到1992年，大都会·ABC的市值从29亿美元增长到了83亿美元，在此期间，公司保留了27亿美元的盈余，所以就是每一美元的留存创造了2.01美元的市值，也就是83亿美元减去29亿美元之后的54亿美元和27亿美元的对比关系。由于公司在1990年到1991年期间挺过了经济萧条期，那么这个"2.01美元"的成果就更值得一提，也证明了大都市·ABC的市场生存能力。

多年以来，巴菲特认真分析过很多企业的运营和管理，而他认为大都会公司是美国最优秀的企业之一。为了证明这一点，巴菲特在投资时就把未来11年的投票权交给了墨菲和另一位合伙人伯克，条件是他们中只要有一个人在位即可，这已经充分证明了巴菲特对他们的高度信任。的确，大都会·ABC公司耗费了巴菲特很多精力，也让他进一步验证了自己信奉的投资原则的正确性。

1995年，当时已经进入鼎盛时期的传媒帝国迪士尼，以190亿美元的天价收购了ABC电视台（不包括大都会公司），让ABC在90年代中后期迎来了新的发展阶段。不过从业务能力上看，ABC抓取热点新闻的能力明显不如CNN、CBS这些电视台，因此一度让迪士尼出钱倒贴。

如今有不少投资者对大都会·ABC进行了深度的剖析，认为这家公司的业绩增长率其实一般，而管理层虽然具有一定经营能力，但他们对收益回报率的影响还是比较小的。但问题在于，巴菲特是以足够低的价格参与了对ABC的收购，所以在卖给迪士尼之后还是大赚了一笔。这一方面说明当年的迪士尼处于扩张阶段确实不差钱（也的确是买贵了），另一方面说明巴菲特的收购找准了最合理也最便宜的价位段，而赢得这个机会靠的不仅是知识和经验，更需要胆量和决断力。

5.盖可保险公司是这样被收入麾下的

　　巴菲特一生有很多成功的投资企业的案例，不过大部分人都把购买盖可保险公司的股票看成经典案例中的经典，并由此引发出一个重要的课题：当我们也遇到一个和盖可保险公司类似的企业时，是否能按照巴菲特传授的那些准则进行收购呢？

　　巴菲特和盖可保险公司有着不小的渊源，当他还是格雷厄姆的学生时就了解了这家公司。1950年，在哥伦比亚大学求学的巴菲特，得知导师格雷厄姆是盖可保险公司的董事，身为年轻人的他产生了强烈的好奇心，想知道由导师参与决策的公司是什么样子，于是在一个周末独自前往华盛顿特区去参观了盖可保险，算是一次拜访式的调查。随后，巴菲特见到了那天唯一当值的经理人洛里默·戴维森。巴菲特没有陌生感，而是提了一系列问题，戴维森则拿出5个小时的时间向巴菲特解释这家公司的与众不同之处。由此，巴菲特对盖可保险公司产生了一种亲切感和关注度，为后来的投资埋下了伏笔。

　　盖可保险公司全称是政府雇员保险公司，它在1936年成立，创始人利奥·古德温是保险会计出身。他的创业构想是成立一家向低风险驾驶员提供保险的公司，然后通过直接寄信的方式销售。当时的古德温确信，只要自己能够区分出谁是谨慎驾驶者（愿意购买保险的潜在用户），他距离成功就只有一步之遥了。随着古德温相继邀请银行家克利夫斯·雷亚、债券推销员洛里默·戴维森、华盛顿特区律师戴维·克里格等人入伙之后，团队实力壮大，公司运营逐步走上了正轨。在20世纪的60年代，盖可保险公司将汽车保险的覆盖人群扩大到专业人士、管理人士、高科技人群以及行政事务人员，市场占有率从15%提高到50%，利润飙升，进入了黄金时代，就连当时的保险监督委员会也对盖可保险公司的成功惊叹不已。不过也就是从这个时期开始，盖可保险公司由盛转衰，到60年代末公司开始走上了下坡路。

1970年盖可保险公司发生了灾难性的亏损，在接下来的几年间，盖可保险的新汽车保单虽然有了11%的增长率，但是公司的发展策略却过于激进，进行了代价高昂的多元化发展，不断跨界到房地产和电脑设备领域。也就在这一时期，保险市场竞争日趋激烈，为了扩大客户群体，盖可保险放宽了客户入保的标准，首次将蓝领工人和21岁以下的驾驶员纳入投保范围。然而这一部分人群并非谨慎驾驶的人群，也就意味着他们的事故率更高，这对保险公司来说无疑是潜在的危机。这个恶果终于在1974年的第四季度破土而出了：盖可保险的承保损失大幅上升，以至于在其28年的历史中第一次出现了600万美元的损失。但是盖可保险没有放弃扩张，结果就是盖可保险在1975年的亏损达到了1.26亿美元，所有的股东都被惊得目瞪口呆。

盖可保险的股价从1972年的每股61美元下跌到1975年的每股7美元，引起了股东们的强烈不满。简而言之，盖可保险出现问题主要是由两个原因造成的：一是放弃了只承保谨慎驾驶者的原则，二是放松了成本控制。1976年，盖可保险的股价已经下跌到5美元并依然没有停止下跌的迹象。不久以后，旅行家集团的43岁市场总监约翰·伯恩成为盖可保险的新总裁，他刚上任就宣布了一个7600万美元的优先股集资计划。结果消息一出，让很多投资者意识到盖可保险的资金缺口巨大，失去了对它的投资信心，直接导致其股价下跌到每股2美元。

在盖可保险从初创到颠覆再到危机四伏时，巴菲特也从一个七人组团的小公司发展到了执掌伯克希尔·哈撒韦的行业巨头。这期间，巴菲特一直密切关注盖可保险的经营状况，特别是在其股价不断暴跌时，巴菲特悄悄地、持续地买进盖可的股票，当时总计投入410万美元，以3.18美元的均价购买了1294308股。到了1980年底，巴菲特总计投入4570万美元，获得了盖可保险33.3%的股权，后来逐渐增加到了50%左右的持股比例。到了1995年，巴菲特毅然决然地以23亿美元的天价买下盖可的另一半股份，盖可保险成为伯克希尔旗下被百分百控制的企业。

如今，盖可保险是美国最大的直销保险公司，也是美国第四大私人客户汽车保险公司、全球第五大汽车保险公司，拥有保险客户约600万人，在2020年发布的全球最具价值500大品牌榜单上，GEICO位列第176位。

巴菲特曾说，40年的职业生涯里，只有12个投资决策，使他拥有现在的地位。其中收购盖可保险就是最重要的一个，可以理解为是巴菲特的"初恋"和"好运"，可见这次收购在巴菲特心中的分量之重。

从购买股票到将其收购为一家全资子公司，巴菲特对盖可保险有着特殊的狂热。因为巴菲特意识到，盖可保险的竞争优势在于直接行销，这让公司相比同类的竞争者不必通过中介去获得客户，减少了经营所负担的渠道成本，所以才成为让巴菲特最动心的一家企业。在他心目中，盖可保险就是一家伟大的企业，即便它曾经走过下坡路，却没有折损它的内在价值，更没有断送它的光明前景。

一方面，盖可保险的超低成本让其竞争优势十分明显，这是很多同行比不上的，而低成本代表着低售价，低售价自然就能吸引并留住更多优质的客户；加上盖可保险的优质服务，就能让客户口口相传，吸引更多的人前来购买。巴菲特一直强调的"护城河"也在盖可保险体现得淋漓尽致，那就是成本优势。随着市场规模的扩大和收入的增多，成本优势的继续及保持就在客观上拓宽了护城河。因为它的基本面变大了，竞争者有和它相同的成本却缺少足够的规模优势，自然就难以撼动它的市场地位。

另一方面，盖可的工作环境独一无二。和同行相比，保险看重的是短期收益，所以每个经理人的业绩压力都非常大，因为他们必须在短期内证明自己为公司创造了财富，但是盖可保险更看重长期利益，所以这里的经理人可以用一生的时间去经营公司，不必在意下个月的报表是否好看。当然，这并不代表盖可保险的管理层不关心经营状况，他们只是把思考的侧重点放在了未来，对于当下同样是认真把控的。

当然，盖可保险今天的成功并非过去的人能够预见，巴菲特也是在打破了一些偏见之后才决心投资到底的。

第一，虽然普通，但有成为卓越的潜质。

因为汽车保险本身属于普通商业型产品，并不拥有巴菲特比较看重的"特许经营权"，然而巴菲特的思维是开放的，他不会固执地执着于一个原则，而是会具体问题具体分析。比如盖可保险，它虽然普通，但是如果能长期保持其成本优势，同样可以在残酷的红海市场中生存下来并活得很好。

第二，虽然没有绝对的可持续性，但大方向正确。

巴菲特一直重视企业经营的可持续性，因为这代表着企业对某个领域的专注与深耕，也关系到是否拥有稳定且忠诚的用户群体。但是回顾盖可保险在1975年和1976年的表现，它的运营成功并非连续性的，还出现了跨界经营的情况，所以一些人以此为由将盖可保险从"伟大的企业"队伍中剔除出去。但是巴菲特却不这么认为，他觉得盖可保险中途开小差不影响其本质，而且这段弯路只是公司的一次探索，并不代表着战略性的转型。更重要的是，当时的盖可保险之所以不断跨界，是因为还拥有相对充足的资金，所以后来的走下坡路也没有伤筋动骨，在成本优势方面并没有输给竞争者。

第三，虽然有路线偏差，但管理层有优秀人才。

通常，一家走下坡路的企业，人们会下意识地认为它的管理层也是糟糕透顶的，比如富国银行，但这其实也是一种偏见。决策队伍中包括了很多人，一个错误决策的出台可能是妥协的结果，更何况一些优秀的人才未必掌握大权。在巴菲特收购盖可保险时，他就看中了两位相当优秀的经理人，一个是负责保险部门营运的托尼·莱斯利，还有一个是负责投资部门营运的娄·辛普森。为了让这些经理人有更广阔的舞台，巴菲特取消了一些无意义的职场礼节和业余活动，让经理人把全部注意力放在自己的工作上，不必再去搞应酬。而且巴菲特还给了他们简单明确的指标，只要大体上达到就算完成了任务，这让经理人更像是经营属于自己的公司，减少了不必要的心理负担。

巴菲特收购盖可的成功经验，体现出他个人投资理论的正确性和灵活性，在收购之后又显示出伯克希尔经营模式的优越性。巴菲特和芒格没有过多干预公司的运营，也没有指示托尼·莱斯利如何去给公司创造业绩，而是让他自主决定、自由发挥。在这样宽松的环境下，盖可保险的管理层就能将有限的精力集中在最重要的事情上，也得到了最高程度的授权，这样就能从容应对瞬息万变的市场环境。

现在回到开篇的初始问题：如果你遇见和盖可保险相似的一家企业，你能否把握住机会？抛开资金等现实问题，其实我们要回答的不是自己是否具备了慧眼识珠的分析能力和力排众议的自信心，而是要回答一个看似和投资无关的问题：你的身上是否有巴菲特的影子？事实上，我们不必先成为一个名震全球的投资大鳄，而是要先成为一个具有巴菲特部分特征的人，可能是一个清晨就穿梭在大街小巷的送报童，可能是一个忙着用弹子机赚钱的"不务正业"的学生，也可能是一个坐在家中如痴如醉阅读的书虫，那个人可以不是沃伦·巴菲特，但那个人需要在人生中的某个片段，以相同或相似的方式向沃伦·巴菲特致敬，而这或许就是成为沃伦·巴菲特的开始。